세상에
비난받을
사랑은 없다

세상에 비난 받을 사랑은 없다

초판 1쇄 인쇄 2013년 11월 25일
초판 1쇄 발행 2013년 11월 28일

저 자	Maya Choi
펴낸이	김진희
기 획	위현권·강신혜
디자인	dreamdesign 신유정
펴낸곳	SniFactory(에스엔아이팩토리)
	등록번호 제 2013-000163호(2013년 6월 3일)
	주소 서울시 강남구 삼성동 157-3 엘리트원텔2차 1608호
	전화 02-517-9385
	팩스 02-517-9386
	이메일 dahal@dahal.co.kr
ISBN	979-11-950663-2-2

ⓒ 2013, Maya Choi

값 15,000원

이 책은 저작권법에 따라 보호받는 저작물이므로 무단전재와 무단복제를
금지하며, 이 책 내용의 전부 또는 일부를 이용하려면 반드시 저작권자와
SniFactory(에스엔아이팩토리)의 서면동의를 받아야 합니다.

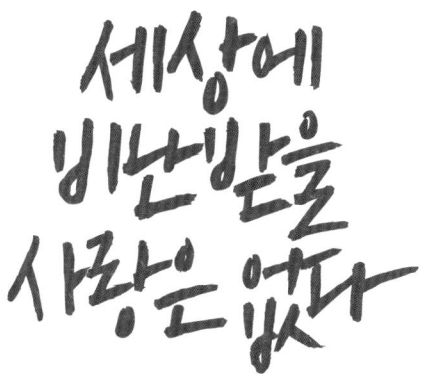

저자 **Maya Choi**

SniFactory

CONTENTS

PROLOGUE

PART 1

SEXUALITY
섹스, 몸에 새기는 사랑의 문신

PART 2

MAN AND WOMAN
사랑을 쫓는 남자, 사랑을 기억하는 여자

여우구슬키스, 키스의 변주곡 14

젠틀맨 22

Pornographic Affair 28

당신의 섹스지수를 공개합니다 37

롤리팝을 좋아하시나요? 44

Making love & just having Sex 51

촉각으로 본 너, 나 그리고 우주 64

그들의 최선은 훌륭하지 않았다 72

생각없이 섹스하는 당신과 나를 꿈꾼다 86

나만 바라보는 그녀의 인형 91

She is hot! , He is cute! 100

내겐 너무 예쁜 당신 107

돈, 여자, 사랑 그리고 다른 남자 116

인간의 영원한 본성, 바람 128

여자는 샐러드를 좋아하는 육식동물이다 136

단언컨대, 남자들이여! 서성이지 마라 141

결혼을 견디려면 아내에게 키스하라 146

여체에서 가장 아름다운 부위 153

이웃집 남자를 탐하는 여자 161

난 슈퍼맨을 원한다 172

PART 3

LOVE
세상에 비난받을 사랑은 없다

사랑해서 결혼한다는 거짓말 182

세상에 비난 받아 마땅한 사랑은 없다 188

기다림으로 부치는 편지 194

아름다운 모순, 질투 202

짝사랑. 더 큰 사랑을 빚어내는 나비효과 209

결코 터득되어지지 않는 사랑 218

사랑은 보이는게 아니란다 226

PART 4

LIFE
여행은 끝나지 않았다

신이 되는 경험, 종이 되는 황홀 234

들켜야 찾아지는 삶과 사랑 240

딸, 아버지의 영원한 연인 246

내 눈에 도달하지 않은 별빛들 253

You complete me 260

바다로 흘러가는 강, 강을 거슬러 오르는 연어 267

사랑, 믿음 그리고 용서 되어지는 것 279

○

새벽에
올곧이 앉으니
창 밖 검은 하늘이
얼굴을 드밉니다

: 왜 그리 앉아 있누?
: 글쎄요.

라고 답하고 다시 한 번 하늘을 보았습니다.

: 너는 그것을 왜 썼느냐?
: 처음엔 그냥 좋았던 것 같습니다.

지금은 잘 모르겠습니다.
그러자 하늘이 웃었습니다.

: 네가 그것을 쓰면서 좋았다면
  그것을 읽을 사람들도 너의 그 마음을 읽겠구나.
  그리고 좋아하겠구나.
  그런데 왜 그리 상념이 많누?

하늘이
물었습니다

: 잘 모르겠습니다.
  아무래도 뭔가 많이 부족한 것 같습니다.
: 그때도 부족하다 느꼈느냐?
: 잘 모르겠습니다.
  그냥 재밌기만 했던 것 같습니다.

: 그런데 왜 이제와서
  그때의 글에 네 생각을 가져다 붙이누?
: 서문을 쓰라 하는 데
  무슨 말을 써야 할지 모르겠습니다.

: 그냥 네가 마지막으로
  그 책을 읽을 독자를 생각하며 나오는데로
  쓰면 되는 거란다.

저는
잘 모르겠습니다

커다란 이상이 있던 것도 아니고 무엇을 어찌 해볼려고 썼던 것도 아닙니다. 그냥 쓰면서 좋았습니다. 쉬지 않고 쓰고 또 썼습니다. 거짓말은 쓰지 않았습니다. 그저 미숙하지만 진실만을 쓰려고 했습니다. 만약 그래서 진실을 쓸 수 있었다면 좋았을 터이지만 그때의 진실이 지금의 진실이 아닐 수 있기에, 그저 두 손을 모아 무릎에 놓고 기도합니다.

살아가는 동안 많은 일이 일어나고 또 지나가고 또 일어나겠지만 그것에 어떠한 의미를 부치는 것은 사람입니다. 사람은 홀로 살 수가 없어 다른 사람에게 자꾸만 다가갑니다. 사람이 사람과 부대끼며 사는 것은 그런 것입니다. 부비면 소리도 나고 상처도 납니다. 그리고 온기도 느낍니다. 상처와 온기는 다른 것이 아닙니다. 온기를 느끼려 부볐는데 너무 절실해서 너무 절박해서 세게 문지르다보니 상처가 된 것 뿐입니다.

상처는 온기를 그리워하는 마음입니다. 저는 사랑이 무엇인지 모릅니다. 그런데 사랑이라 말하니 눈물이 납니다. 등짝이 뜨끈뜨끈해지고 눈물이 고여서 눈 앞이 어른거립니다. 그러다 눈물이 뚝 뚝 떨어지고 나면 다시 눈앞이 밝아집니다. 사랑은 그런 것 같습니다.

이유도 모르게 눈물이 어리고 눈앞이 흐려지다, 눈물 스스로를 주체할 수 없이 무거워지면 떨어져 땅을 적시고 시야가 환해지는 것 말입니다. 눈물이 나니까 콧물도 납니다. 눈물과 콧물은 같은 것인지도 모르겠습니다. 그런데 눈에서 나기에 눈물이고 시야를 가리고 눈을 씻어줍니다. 콧물은 향을 맡는 코에서 나오기에 콧물이고 코안의 먼지를 씻어줍니다. 사랑은 눈물과 콧물 같아서 우리의 눈을 씻어주고 우리 몸 보이지 않는 곳의 더러움을 씻어주는 것은 아닌가, 문득 그런 생각이 들었습니다.

감히 사랑을 쓰고자 했는데 이런 저런 이야기가 나왔던 것 뿐입니다. 책이 나오면 전 고개를 들고 책을 펼쳐볼 수 없을 것 같습니다. 지금의 내가 생각하는 사랑에 불경스러운 꼬리표를 부칠까 겨워할 것만 같습니다.

사랑하는 동안엔 그저 사랑만 하시길 바랍니다. 그저 눈물만이 고이는 그런 사랑을 하시기 바랍니다. 사랑이 주체할 수 없이 무거워지면 스스로 알아서 땅으로 돌아가니 걱정은 않아서도 될 것 같습니다.

하나의 눈물이 스스로 자라서 자신의 몸을 키우고 키워 스스로 주체할 수 없이 무거워지면 땅으로 돌아가고 눈이 밝아지듯이, 우리의 사랑이 그렇게 자라서 농밀해지고 스스로 무르익어 땅으로 떨어지는 능금이 되도록, 그렇게만 되도록 우린 우리를 지킬 일입니다. 눈물보다 먼저 땅으로 떨어지는 일만 없도록 그 만큼만 지킬 일입니다.

다시 눈이 환해지면, 세상에서 가장 아픈 사람을 담고 눈물을 키우고 싶습니다.

제 가장 깊은 곳, 눈물 한 방울
세상에서 가장 아픈 사람을 담고 눈물을 키우고 싶습니다.

2013년 10월에

Maya Choi

PART 1 *SEXUALITY*

섹스,
몸에 새기는
사랑의 문신

여우구슬키스,
키스의

변주곡

　　　　　　푸르고 묵직한 잎들이 시원한 그늘을 드리웠다. 나무 그늘 밑의 야외 테라스에서 오랜만에 만난 친구와 담소를 나누는데 뒤쪽 테이블에서 나직하고 울림이 깊은 남자 목소리가 들려왔다. 고개를 돌려 보고 싶을 정도로 매력적이었다. 친구와의 대화에 몰입하지 못하고 자꾸만 귀가 뒤로 열렸다. 차마 돌아보지 못하니 귀가 더 깊고 넓어졌다.

'말'엔 그 사람의 사상과 경험과 정서와 감정과 혼이 담긴다. 말을 섞는다는 말은 단지 의사소통을 말하는 것이 아니다. 한 사람과 한 사람의 총체적 교감이다. 말은 또 글보다 입체적이다. 물론 글에도 사상과 경험과 정서와 감정과 혼이 담기지만 피가 도는 신체의 입을 통해 울림을 가진 목소리로 나올 때 공간을 점령하고 메아리를 내며 상대에게 직접적으로 가 닿는 것이 말의 속성으로 훨씬 감각적일 수밖에 없다.

시를 눈으로 읽는 것과 소리로 듣는 것은 그런 차이가 있다. 그래서 글보다는 목소리로 '내용'이 전달되는 것에 보다 더 오감적으로 반응한다. 글이 가진 미덕이 '정제', '행간', '상상력'이라면 '말'이 가지는 매혹은 '폭넓은 감성', '직접성', '즉각성', '폭력적인 강렬함' 일 수 있다.

글과 말의 차이를 '문학'과 '영화'로 비유할 수 있을까. 더 나아가 '노래'는 입으로 구현하는 구체적 예술이다. 노래는 말의 속성에 '음률'과 '리듬'이 덧붙여진다. '구애'의 방법 중 내가 생각하는 가장 로맨틱한 것들 중의 하나가 사랑의 세레나데를 부르는 것이다. '사랑의 세레나데'는 인간이 독점한 구애방식이 아니다. 외려 동물의 세계에선 '구애'를 위해 늘 자신들만의 '사랑짝짓기의 세레나데'를 부른다. 평소와 다른 음색과 음폭을 가지고 이성을 유혹하는 것이다. 인간들처럼 '대리'라는 편리한 채널을 택할 수 없는 동물들은 자신들의 몸과 목소리를 이용해 과거로부터 지금 이 순간까지 '사랑의 세레나데'를 부른다.

입으로 하는 것으로 말 이외에 '식食'과 '입맞춤'이 있다. '식'은 생명의 지속과 연관되어 있는 삶에 가장 중요하고 기초적 행위들 중 하나다. 그런데 인간의 진화는 '식'의 의미를 변용하고 확대했다.

물질문명의 발달로 그 옛날처럼 '식'이 삶에 많은 시간과 노력을 차지하지 않게 된 것이다. 외려 '식'은 '삶의 연장'이라는 목적성 외의 '낙樂'이라는 진화된 목적성을 추구하게 된다. 배가 고파서 먹기보단 '맛'을 느끼기 위해 먹는 경우가 늘고, 그에 따라 '맛'의 층위를 넓히고 '새로운 맛'을 계발하며 이것을 즐기는 것이 인생에 중요한 부분으로 자리 잡은 것이다.

'입맛'이라는 말은 음식맛의 협소한 개념에서 나와 '취향'이라는 의미를 가지게 된다. 즉 맛은 입에 제한된 무엇임을 뛰어넘게 된다. 즉 '말'과 '맛'은 '멋'으로 연결된다. 다양한 맛을 즐기는 사람은 '광범위한 맛의 세계'를 경험하고 자신이 느끼는 '맛의 스펙트럼'의 폭이 넓다. 국한된 입맛을 가진 사람들과는 다른 넓고 깊은 다양한 맛, 즉 멋을 누릴 줄 안다.

내가 안타깝게 생각하는 것은 새로운 음식을 시도하지 않는 사람들이다. 특히 한국의 많은 중년 남자들은 외국에 여행을 가면 입맛이 안 맞는다는 이유로 일체 그 나라의 음식을 입에도 대지 않는 것을 본다. 음식과 언어가 문화라는 말이 있듯이 다른 나라의 음식을 먹지 않고 그 나라를 여행했다고는 할 수 없다.
난 성격상 새로운 것에 대한 시도에 무모하게 도전하는 편이므로 비교적 다른 한국인들보다 다양한 음식을 맛볼 수 있었다. 그것에 일조를 한 것이 직업인데 '이주민'과 함께 지내다보니 그들 나라의 음식들을 자연스레 접하게 된 것이다. 이젠 한국에서도 보편적으로 맛볼 수 있는 이태리식이나 프렌치푸드, 아메리칸식 외에도 태국·러시아·중국·몽골·인도네시아·베트남·파키스탄·스리랑카·콩고·나이지리아 등의 음식을 맛볼 수 있다. 특히나 인도 유학시절 인도음식에 익숙해져 있던 나에게는 다른 나라 음식을 시식함에 어려움이 없었다. 주관적으로 느낀 것은 한국음식은 오일을 적게 쓰고 향신료가 거의 없는 담백한 음식임에 비해 타국의 음식들은 다양한 향신료를 사용한다는 사실이었다.

요즘 젊은 한국인들은 그나마 서양요리에 자주 쓰이는 바질, 풍미가 강하고 쌉쌀한 세이지, 로즈마리, 처빌, 다임 등의 민트와 허브는 정확히 이름을 모른다 하더라도 그들의 맛에 거부감이 없는 편이다. 그럼에도 대체로 거부감을 나타내는 향신료는 '고수' 혹은 '향채'로 불리는 '코리안더Coriander 잎'이다. 코리안더는 주로 동남아와 중국의 거의 모든 음식에 들어가는 중요한 향신료이다. 한국에 있는 중국식당이나 인도식당에서 손님들이 음식을 주문할 때 '향채'를 빼달라는 요청을 많이 한다. 그러나 한번 향채의 맛을 알게 되면 그것이 빠진 요리는 생각조차 할 수 없다.

음식, 즉 '맛'은 '색'과 긴밀한 관계를 맺고 있다. '식'과 '색'은 모종의 통정을 하는 관계다. 음식을 잘하는-맛을 잘 감별하고 낼 줄 아는- 여자는 섹스를 잘한다는 말이 있다. '먹어본 만큼 섹스한다' 혹은 알고 있고 즐기는 '맛'의 폭만큼 '오르가즘'도 느낀다고 하면 과한 걸까?

그렇게까지 확대하지 않더라도 맛에 대한 감각이 정밀하고 다양한 사람이 단연 키스를 잘 한다는 것엔 의문의 여지가 없다. 맛을 감별하고 느끼는 혀나 잇몸이나 입술, 이나 입천장, 그리고 입안쪽 속살들이 키스를 할 때 똑같이 사용되기 때문이다. 일반적으로 키스는 달콤하다고 표현하는데 이것은 키스의 극히 단편적 일면만을 표현한 것이다. 맛이 좋은 요리 한 점을 입에 넣으면 저절로 눈이 감기는 것과 키스를 할 때 눈이 감기는 것은 동류다. 시각을 차단해 촉각을 더욱 증폭시켜 맛이나 키스를 보다 폭넓게 누리려는 자동적 행동인 것이다.

맛과 키스는 여러 부분에서 닮은 꼴이다. 사용하는 신체기관이 같을 뿐만 아니라, 맛과 키스는 모두 '쾌락'과 관련되어 있다. '아무하고나 키스하나 사랑하니까 키스하지'라는 촌스런 전제 같은 것은 '배고프니까 먹지'와도 같은 맥락이다. 어쨌든 맛과 키스도 일종의 '도락'이므로 계발을 할수록 즐거움이 커지고 쾌락이 증대하며, 어쩌면 '도'도 깨칠 수 있다고 하면 너무 비약한 것일까? 인도의 밀교가 섹스를 통해 깨달음을 얻었듯이.

다양한 맛을 즐기듯, 다양한 키스를 할 수 있다. 위에서도 말했다시피 한국인의 입맛은 담백하고 느끼하지 않다. 이것은 장점이기도 하고 단점이기도 하다. 일반적으로 키스는 그 사람의 입맛을 따라가게 된다. 한국인들의 키스는 담백하고 느끼하지 않지만 진하고 다양한 맛이 없는 편이다. 얼마전 친한 친구들에게 물었다.

"여우구슬 키스 해봤어?"
빙글빙글 웃으며 그들을 쳐다보니, 그들은 '그게 뭔데?' 하는 멀뚱멀뚱하는 얼굴이었다.
'여우구슬키스'는 차치하고라도 술을 머금고 서로의 입에 흘려 넣어주며 하는 키스라든가, 딸기를 물고하는 키스도 모르는 혹은 안해본 사람들이 꽤 있다. 내가 그런 이야기를 하면 사람들은 호기심 있어 하면서도 속으로는 '그런 것을 어떻게 해'라는 표정들이다. 식욕은 '향'과 '모양'에서 시작되듯, 키스의 맛을 다양하게 누리려면 '향'도 필요하고 '시각적인 자극'도 필요하다. 키스할 때, 과일·각종 스낵·술 등의 활용은 성감을 증폭시킨다.
내가 좋아하는 꼬냑 키스는 꼬냑을 입에 머금고 충분이 굴리다 상대의 입술을 촉촉히 벌리고 입안으로 넣어주는 것이다. 꼬냑이 입술을 통해 상대의 입술로 전해지는 과정에서 입술과 입술이 부드럽게 맞닿아 꼬냑의 끈적하고 부드러우면서도 뜨거운 맛 입술이 화끈화끈 댈 수도 있다. 이 입술을 타고 흘러 들어간다. 이때 받는 사람은 천국의 젖을 빠는 느낌이다. 술을 좋아하지 않으면 레모네이드 같은 음료 등으로 대신할 수 있다.

커피도 색다른 맛이다. 커피키스는 커피에 위스키를 넉넉히 떨구고 아이스크림을 띄운 아이리쉬 커피가 최고다. 또 상큼한 딸기키스도 있고 살살 녹는 아이스크림 키스도 있다. 아이스크림 키스가 좋은 것은 입맛에 맞춰 향과 맛을 고를 수 있고 아이스크림이 가진 부드럽고 달콤하며 살살 녹는 그것이 키스와 궁합이 잘 맞기 때문이다. 상대의 입에 묻은 아이스크림을 핥아주며 입술을 벌리고 혀를 매끄럽고 도발적으로 넣는 키스도 할 수 있다.

옷을 버려도 괜찮다면 스파게티 키스도 또 다른 재미다. 약간 배고플 때 딱이다. 스파게티 국수 가락을 양쪽에서 물고 먹어가다가 상대의 입술에 닿는 느낌은 마치 사냥감을 먹는 상상을 하게 해준다. 야성적인 키스다. 키스를 하며 포만감도 느끼니 육식동물의 본능이 살아나는 기분이다. 다른 국수요리도 있는데 왜 스파게티냐 하면 '소스'때문이다. 소스맛 없는 밍밍한 국수 키스는 좀 심심하지 않겠는가? 상대입술에 묻은 크림이나 꿀을 빨면서 시작하는 키스도 있고, 속눈썹에서 시작해 동공을 핥고 귓볼을 거쳐 턱선을 타고 입술로 들어가는 키스도 있다. 누가 나의 귓볼을 잘근 씹어주며 뜨거운 입김이 귀안으로 타고 들어오면 등줄기로 소름이 오도독 뻗치며 진저리가 쳐질 정도이다.

"여우구슬키스가 뭔데?" 친구들이 물었다.

동그란 질 좋은 초콜릿 있잖아. 안에 술들어 있는 것도 있고. 그런 걸 준비해서 먼저 입안에 넣고 말랑말랑 녹진녹진하게 녹이면 입안에 온통 달콤 씁쌀해지잖아. 그때 상대의 입술에 초콜릿을 바르며 입술을 부드럽고 끈적하게 벌리고 초콜릿 알을 넣어주는 거지, 그러면 상대도 살살 녹이다 다시 내 입으로 넣어주고 초콜릿 알이 다 녹을 때까지 주고 받고를 반복하는데, 초콜릿 알이 줄어들면서 굉장한 성감을 느낄 수가 있어. 그것은 마치 점점 사라지는 감각의 시간을 자신과 상대의 입술과 입이 '재는' 것 같은 느낌이거든. 안타깝고 아쉽고 그래서 더 뜨거워지고 격렬해지지… 서로를 잡아먹고 싶을 정도로. 보통은 초콜릿 알이 다 녹는 순간 서로가 못 참고 '그렇게' 되버리는 거야.

말과 맛과 키스는 한 배에서 낳은 자식들이다.

Gentle man

손가락을 애무하는 남자

내 몸 안으로 뭔가 쑥 들어와서 기분이 황홀해지는 경우가 있다. 입으로 음식이 들어올 때, 키스하면서 혀를 주고받을 때, 그리고 남자의 페니스가 들어올 때다. 아기가 열이 올라 항문에 체온기를 꽂거나 살갗을 뚫는 주사 역시 몸 안으로 들어오는 것은 똑같지만 어쩔 수 없이 받아들이는 것이니 기분 좋은 경험은 아니다.

서양인들은 퍼스널 스페이스 personal space 라고 해서 자기 몸을 중심으로 반경 90센티미터 안으로는 원칙적으로 타인의 침범을 허용하지 않는다. 낯선 사람과도 자연스럽게 눈을 맞추며 미소 짓는 그들이지만 가까운 사람을 제외하고는 타인과의 신체 접촉을 굉장히 꺼린다. 그래서 팔을 뻗어도 닿지 않는 근 1미터 가까운 가상의 벽을 치는 것이다.

반면 동양에서는 스킨십에 비교적 관대한 편이다. 팔짱을 끼고 어깨동무를 하고 가볍게 상대를 치면서 웃기도 하고, 심지어는 웃다가 상대 몸에 쓰러져 안기기도 한다. 간혹 상대를 잘못 만나면 웃자고 한 일로 죽자고 달려드는 경우도 있지만 말이다.

한국에선 여자끼리 팔짱 끼고 손잡는 게 자연스럽다. 인도에서는 남자들끼리 손을 꼬옥 잡거나 새끼손가락을 걸고 사이좋게 거리를 활보한다. 서양사람들 눈에는 죄다 호모나 레즈비언으로 비칠 것이다. 그러나 이런 동서양의 문화적 차이가 무색해지도록 자신의 몸 안으로 들어오는 것에 대해서는 세계 어느 곳이나 똑같이 제한적이다. 누구나 음식을 가려서 먹고, 키스도 가려서 하니 섹스는 말할 것도 없다.

그런데 이 셋은 서로 다른 특성을 지닌다. 먹는 것은 나 혼자 하는 일이니 뭘 먹을지를 스스로 결정하면 된다. 키스는 두 개의 혀가 감미롭게 때로는 거칠게 엉키는 것이니 번갈아 가며 하면 된다. 나는 간혹 가다 살아있는 낙지나 막 쳐내온 생선회를 입에 넣고 눈을 지그시 감은 채 황홀한 표정을 짓는 사람들을 보면 왠지 기막히게 키스를 잘할 것 같다는 엉뚱한 생각에 빠진다. 섹스의 경우, 남자는 여자의 몸 안으로 들어가고 여자는 남자 몸의 일부를 받아들이는, 마치 돌출된 것과 오목한 것이 아귀를 맞추듯 끼어 맞춰지면 감싸 조이게 된다. 정확히 말하면, 음식과 키스와 섹스를 통해 모두 몸

안으로 들어오는 것을 경험하는 사람은 여자뿐이다.

여자인 나는 남의 몸에 자기 몸을 밀어 넣는 남자들의 섹스 느낌이 어떤지 잘 모른다. 이야기를 들어보면 따뜻하고 포근하며 어머니 자궁으로 되돌아간 듯 안전하고 상대 여자와의 단단한 유대와 결속을 느낀다고 한다. 물론 오르가즘과는 별개로 말이다. 반면 남자의 페니스가 여자의 질로 들어오는 느낌은 몸의 빈 공간이 무엇인가로 꽉 차오르는 것과 흡사하다. 그것은 자물쇠에 열쇠를 끼워 넣고 돌리기 직전의 아슬아슬하게 팽창된 긴장감과도 비슷하고, 우유를 빨아올렸을 때 스트로 안을 꽉 메우며 빨려드는 체내 압 같아서 현기증이 일기도 한다.

섹스에서 삽입은 오르가즘과는 또 다른 합일로서 충일한 느낌의 쾌감이다. 섹스 전에 남자와 벌였던 기싸움, 갈등, 이해타산이 순식간에 사그라지는, 그리하여 완벽한 용서와 화해가 이루어지는 마술 같은 순간이다. 아니, 그것만으로는 충분치 못한 설명이다. 마치 세속을 벗어나 숭고해지는 경험이라고 할까? 방금 전까지 여자로서, 혹은 세상을 살아가는 한 인간으로서 느끼고 있던 모종의 결핍이나 부끄러움, 질투, 분노, 짜증을 모두 벗고, 평소에는 물끄러미 바라보기만 했던 안개 낀 강을 문득 건너, 생각지 못했던 푸른 언덕 위에 서는 기분 같은 것. 그 순간 나는 남자나 여자처럼 반쪽 인간이 아닌 또한 삶과 죽음의 한가운데를 흘러가는 불안정한 존재도 아닌, 말로도 형용하기 어려운 어떤 몽환적 상태가 되어, 오랫동안 잃었던 것을 되돌려 받아 온전해지는 느낌을 받는다. 바로 그 순간이다.

섹스할 때 느끼는 것들-부끄러움, 포근함, 온전한 수용, 존중 그리고 족쇄를 훌훌 벗어던지는 듯한 자유-은 섹스하는 동안 순간에 얻어지는 부수물일 뿐 결코 본질이 될 수는 없다.

섹스는 히브리어로 '야다YADA'라고 하는데 이 말은 '섹스하다'라는 뜻 외에 '상대를 알다'는 의미가 있다. 그의 말을 듣고 그를 아는 것, 그의 행동을 보고 그를 아는 것, 그런 의미가 아니라 마치 내뻗는 내 팔을 타고 착착 감겨 오르는 한 마리 뱀처럼 밀착되어 온 몸의 세포가 감전되듯 총체적으로 알게 되는 직관 같은 것. 머리 속에서 번쩍번쩍 번개가 치고 순식간에 그의 모든 것이 내 안으로 빨려 들어오는 것 같은, 남자를 통채로 삼키는 듯한 느낌이다. 섹스를 하는 동안은 체온을 나누고 솜털로 미세하게 전해지는 숨결로 호흡한다. 뜨거운 입김은 수백 편의 사랑시를 담고 있어, 그의 입에서 나의 귀로 나의 입에서 그의 눈꺼풀로 읽지 않고도 전해진다.

남자들의 애무는 보통 입술에서 시작해 귀, 목덜미, 가슴, 젖꼭지, 등, 옆구리, 배, 배꼽 밑으로 내려간다. 그런데 간혹 여자의 손가락이나 발가락을 애무하는 남자들이 있다. 난 여자의 손가락을 빨아 애무하는 남자들이 뭔가를 안다는 생각이다. 남자가 손가락을 애무하면 여자는 남자에게서 최고의 경의를 받는 듯한 느낌에 사로잡힌다. 나만 그런가?

어쩌면 손은 은밀히 죄악을 저지르는 신체의 일부라서 그런지도 모르겠다. 그 부끄러운 손가락을 빨리니 안절부절 못하며, 왠지 민망하기 그지없음에도 특별한 오르가즘을 느끼게 되는 것이다.
손가락을 애무하는 남자는 기사가 존재하던 그 오래전 시절로 여자를 데려다 놓는다. 어쩌면 근대 이전 유럽의 귀족 사회를 그린 영화의 한 장면처럼 레이디에게 경의의 표시로 손등에 가벼운 입맞춤을 하는 장면을 기억하고 있어서인지도 모르겠다.

키스도 하는 부위에 따라 의미가 달라진다.
입술은 평등이고, 귓볼은 탐욕이며, 목덜미는 음탕함이고, 젖가슴은 향수지만, 손가락은 경의다. 또한 손가락의 모양은 페니스처럼 돌출된 형상이다. 남자가 여자의 손가락을 빤다는 것은 남자가 여자의 입장이 되어서 여자를 온전히 받아들인다는 의미라고 생각한다. 남자의 여자에 대한 완전한 굴복이며 자신과 한치의 오차 없는 동등함으로 여자를 사랑한다는 표현이다. 손가락을 빠는 애무는 에로틱 경계를 넘어서 심오한 이지적 경의와 수용을 지향한다. 예수나 부처의 사랑을 인간의 언어로 옮겨 놓을 수 없듯이 손가락 애무에 대한 나의 묘사는 그 영원의 순간을 한계적 언어의 감옥에 가두어 초라하게 만드는 것은 아닌지 모르겠다. 그 순간에서만 느낄 수 있는 특별한 경험이 퇴색되는 것은 아닌지도.
어쨌든, 나는 손가락을 애무하는 남자는 진화된 섹스를 한다는 엉뚱한 믿음을 가지고 있다.

Pornographic Affair

포르노 보는 여자

언어 대화는 쌍방의 '필터링'과 '해석, 재해석'을 바탕으로 하기에 아무리 진솔하게 각자 임했다 하더라도 의미의 변질을 피할 수 없다. 언어대화의 한계다. 각자 충정의 마음에서 대화를 해도 이러한 왜곡과 굴절을 면치 못하는데 하물며 언어에 장난까지 친다고 하면 수많은 의미의 미궁 속에 빠져 버리게 된다.

대화는 가장 명확한 언어로 가장 간결하게 하는 것이 좋다. 추상어보다는 구체어를, 형용사나 부사는 웬만하면 사용하지 않고, 이중 부정을 통한 긍정을 끌어내는 따위의 것들을 피하고, 직접 표현보다는 머릿속에 그려지는 구체화된 비유를 사용하면 왜곡을 그나마 좀 줄일 수 있다.

언어학자들에 따르면 말로 전해지는 소통은 20% 정도이며 표정이나 바디랭귀지, 정서 등이 나머지를 보강해 의사소통을 구성한다고 한다. 그러니 한치 걸러 듣는 말은 왜곡에 왜곡을 거듭하게 되므로 전혀 고려할 게 못된다는 것이 내 생각이다. 가십은 그냥 가십으로서의 의미를 가질 뿐 가십을 진실과의 관계성으로 고려할 필요도 없다.

국제결혼 커플대상으로 부부소통에 대한 강의를 나가면 늘 하는 '역할극'이 있다. 결혼한지 6개월 내의 외국인 부인을 강단 앞으로 부른다. 그들은 한국어가 미숙한 상태라 한국말을 거의 알아듣지 못한다. 그 부인에게 부드러운 미소를 짓고 손을 꼭잡고 눈을 들여다보며 착착 감기는 목소리로 '미워요, 나빠요, 못났었요.' 라고 말하고는 무슨 뜻이냐고 묻는다. 그러면 100이면 100 '사랑해요, 좋아요, 예뻐요.' 라는 뜻이라고 말한다. 그들은 내가 하는 말이 무슨 뜻인 줄은 모르지만 화자의 표정과 바디랭귀지를 보고 그 말뜻을 가늠하는 것이다. 언어소통은 '말 그 자체'보다 '제스처와 표정과 목소리의 억양과 톤'에 좌우된다.

언어소통의 한계를 보완하려면 풍부한 바디랭귀지와 목소리 표정을 활용하면 된다. 이것은 모든 사람에게 통용되는 객관적 의사소통 증진의 방법이다. 또 하나는 주관적인 것으로 대화하는 사람들의 '공유된 상상력'의 활용이다. 이 방식은 누구에게나 적용할 수도 없거니와 대화하는 두 사람이 각자 상상력이 풍부하다고 하더라도 서로의 상상력이 공명하지 않으면 효과가 없다. 단 공명하는 상상력이라는 전제하에, 상상력이 뛰어난 사람들과의 대화-편지, 메세지와 일반적인 글, 문학 모두 포함해서-는 정신의 오르가즘을 느낄 정도로 황홀하다. 공명할 수 있는 두 상상력의 접속 혹은 충돌은 '우주의 빅뱅'과도 같아서 두 사람에게 인식의 무한한 확장을 가져온다. 인식 혹은 무의식의 끊임없는 확장 속에서의 환희의 유영이다.

언어의 발명이 인간세계에 가공할 만한 영향을 주었다. 내 생각엔 인류에 미치는 언어의 가장 큰 영향력은 언어를 통해 과거를 전수받고 미래를 창조할 수 있게 되었다는 점이다. 즉 한 개체의 역사가 아닌 인간의 무리, 인류의 역사를 창조해내고 이 역사가 유기체로서 존재하게 되었다는 점이다.

동물들은? 인간의 눈에 비춰진 제 3자(인간)에 의한 동물의 역사는 있지만 그들 스스로의 역사인식은 없다. 예를 들어 집 건너 강아지가 울면 우리 강아지들이 소파 같은 곳에 뛰어 올라가 목을 길게 뽑고 '우우우우~' 우는 것을 본다. 내가 이해하기로는 동네 강아지의 동거인간이 출근해 슬프다는 울음인데 우리 강아지들이 '너 슬프냐? 나도 슬프다.'라고 답을 하는 것이다.

이런 개체적 역사는 있지만 대를 이은 역사는 없다. 개는 태어나 죽는 그 과정의 개별의 역사를 가질 뿐 '개종'의 역사를 알지 못한다. 아니 아직 깨닫지 못하고 있는 것이다. 그러나 코끼리나 돌고래는 자신들의 역사를 자신들의 언어로 전승하고 있는 듯하다. 특히 돌

30

SEXUALITY

고래는 외계생명체라는 설이 있다. 그들은 고지능을 가지고 지구에 내려왔고 인류에게 끊임없이 메세지를 보낸다고 한다. 코끼리와 돌고래를 제외하고는 대부분의 동물들은 개체 역사만이 개별적으로 존재할 뿐, 종의 역사는 없다.

그럼 언어 외적 영역에서의 인간의 소통엔 무엇이 있을까? 인간 역시 동물의 한 종으로 언어 외적 영역에서의 삶이 존재한다. 육체적 소통이다. 언어소통과 비교해봤을 때 육체의 소통은 역사가 훨씬 길다. 언어소통이 정신유산의 계승이라면 육체소통은 종의 계승이다. 그러니 둘 중 뭐가 더 중요하고는 없다. 둘 다 인류에겐 필요불가결한 소통이다. 단 개별 인간으로 시선을 축소시키면 개별적 중요성은 개인에 따라 다를 수 있다.

육체소통의 가장 대표적인 것은 '섹스'다. 육체적 소통인 섹스가 추상적 개념인 사랑과 결부되면서, 특히 여자들은 사랑 없는 정념의 육체 행위, 섹스를 천박하게 여기는 경향이 강하다. 사랑은 정신에서 발생해 육체로 흐른다는 것이 여자들에게는 정설이다. 그런 여자들에게 정신적 사랑이 부재한 섹스를 보여주는 포르노그래피가 먹힐 리 없다.

그런데 정녕 사랑은 정신적인 것에서 시작해 육체적으로 흐르는 것일까? 사랑은 정신적인 것에서 육체적인 것으로 흐른다는 믿음이 오류와 착각은 아닐까? 혹시 이것 역시 암암리에 주입된 사회 존속을 위한 정치적 농간은 아닐까? 사랑이 육체적인 것에서 정신으로 이동되는 거꾸로의 경우는 없을까? 의구하고 가설을 세우고 실험을 통해 증명해야 이론이 될 수 있다. 그렇다고 이름도 성도 모르는 남자들을 무작정 장미여관으로 끌고 가서 '사랑이 움트는지 한번 해봅시다' 라고 할 수는 없는 일이다. 이런 의구는 아주 오래 전부터 머리속에 있었다. 친구들과도 숱한 토론을 해봤지만 합의는 커녕 의견차가 더욱 넓어졌을 뿐이다.

그러던 차에 '포르노그래픽 어페어'라는 프랑스 영화를 보게 되었다. 15년도 더 전에. 여자 남자 주인공 둘만 나오는 영화다. 등장인물도 둘밖에 없는데 주인공 이름이 기억나질 않는다. 영화에서 두 남녀가 익명으로 만났기 때문인지도. 이야기는 여자가 신문광고를 내는 것으로 시작된다.

섹스파트너 구함. 매주 수요일 2시에서 3시, 장미여관가칭. 이름도, 성도, 주소도, 전화번호도 일체 묻지 않기로 함.

한 남자가 마침내 응한다. 둘은 여관에서 만나 섹스를 한다. 섹스가 끝난 후, 한 마디 말없이 헤어진다. 한 주가 가고 두 주가 가고 달이 지나도 둘은 아무 말없이 섹스만 하고 헤어진다. 둘은 서로에 대해 아무런 정보가 없다. 그런 관계로 한 6개월이 지났을 즈음, 섹스가 끝나고 남자가 여자에게 술 한잔 하자고 청한다. **모든 역사의 시작은 '술 한 잔'이다!** 남자와 여자는 여관 밑 1층 카페 야외테라스에서 와인을 마신다. 여자가 사랑스럽다는 듯 남자의 눈길에 웃음이 베어나고, 여자는 남자를 향해 해맑게 답미소를 띄운다. 와인이 서너잔 오가자 남자는 여자에게 진지하게 사귀고 싶다고, 다음 주까지 생각해보고 답을 달라고 용기를 내어 말한다.

여자는 남자가 맘에 든다. 그 남자와 함께 늙어가며 서로의 틀니를 닦아 껴주는 상상을 한다. 다음 주, 남자와 여자는 처음으로 섹스를 하지 않고 카페 테라스에서 만난다. 남자는 두근거리는 가슴으로 여자의 표정을 살핀다. 여자의 표정에서 머뭇거림을 발견한 남자는 여자가 '노우'라는 답을 가지고 왔다고 지레짐작한다. 남자는 여자가 거절을 하여 마음이 불편할 것을 염려한다. 여자에게 거절하는 부담을 주지 않기 위해 남자가 먼저 '자기가 잘못 생각했던 것'이라고 선수친다. **남자는 늘 오버한다!** 여자는 실망의 빛을 감추고 자신도 같은 생각이라고 말한다. 둘은 마지막 섹스를 하기 위해 여관 계단을 오른다. 말로 하지 못한 마음을 온 몸으로 표현해 격렬하고 슬픈 섹스를 한다.

둘이 거리로 나와 헤어지는 씬. 서로의 이름도 성도 모른 채, 둘은 등을 돌려 각자의 길을 간다. 여자가 남자에게 등을 돌릴 때, 눈에서 떨어지는 눈물 한 방울 클로즈업. 헤어진 후에도 둘은 길거리에서 두 번 우연히 마주치지만, 남자는 여자가, 여자는 남자가 모른

척하고 싶어한다고 지레짐작, 즉 오해하고 서로 피해준다. 우스꽝스럽게 엇갈리는 운명.

영화를 보고 나니 굳이 낯선 남자와 장미여관을 가지 않아도 되었다. 익명의 섹스 파트너임에도 사랑이 싹튼다는 것이 영화의 요지였으니까. 사실 영화 한편 본 것을 가지고, 섹스 파트너와도 사랑에 빠진다고 단정할 수는 없다. 그렇다고 섹스 파트너와는 절대 사랑에 빠지지 않는다고 단정할 수도 없는 일이다. 그러므로 '정념의 대상 즉 단순 섹스 파트너는 사랑이 아니다.'라는 명제는 맞지 않다.

사랑은 외부적 조건에 따른 자기 최면적 측면이 있다. 정신적인 교류가 육체적 교류만큼 손에 잡힐 듯한 것인지. 누가 정신적 교감이 우선되어야 사랑이 싹튼다고 했는가? 물론 성애가 있었다고 당연히 사랑이 싹트지는 않겠지만, 절대적으로 정신애가 우선한다고도 볼 수 없다. 정신애가 싹틀 동안 물리적 성애가 없었다 한들, 머리 속에서까지 그(녀)에게 키스하고 몸을 어루만지지 않았다고 할 수 있을까? 상상의 동물인 인간이!

육체적 소통인 섹스가 추상적 개념인 사랑과 결부되면서, 정치적인 목적을 위해 '섹스'와 '사랑'이 왜곡되고 이 왜곡된 개념으로 사람들은 세뇌당해왔다. 섹스는 '구체어'다. 사랑에 섹스가 포함되지만, 사랑 없이도 섹스는 독립적으로 존재한다. 가장 흔한 오류나 착각이 사랑은 정신적인 것에서 육체적인 것으로 흐른다는 믿음이다. 특히 여자들은 그렇게 사고하도록 교육받아왔다. 사회규범과 가치관이 근현대의 인간들을 그런 식으로 세뇌시켜왔다. 그러나 사랑은 정신적 소통과 육체적 소통이라는 두 채널을 통해 동등하게 표현되는 것이다.

여자들은 대체로 육체의 노출과 과도한 성애표현에서 부도덕함을 느낀다. 정서적인 교류 없는 성애는 동물적이라고 생각한다. '정서 교류 없는 성애'는 사랑이 아니라고 한다.

지인들과의 모임에서 '여자의 오르가즘'에 대해 말을 꺼냈던 적이 있다. 인문학과 문학을 하는 소위 인텔리겐차들인 내 또래의 그녀들이 오르가즘을 그저 포근하고 좋은 느낌으로 알고 있어 놀랐다. 여자의 오르가즘에 관련된 신체부위, '클리토리스'와 'G스팟'을 말했을 때도, 'G스팟'이 뭐냐고 되물어 와서 놀랐다. 섹스보다 정신적인 유대와 사랑이 좋다고 말해 또 놀랐다. 여자가 오르가즘을 느끼면 몸이 활처럼 휜다고 말했을 때도 그녀들이 고개를 갸우뚱해서 놀랐다. 그녀들 중 한 명이 사전에서 G스팟을 찾았다. 우리는 한 참을 깔깔대고 웃었다. 그녀들 중 한 명이 내게 오르가즘을 느꼈을 때를 표현해 보라고 해서 또 한참을 웃어재꼈다.

한국 사회가 자신의 몸에 대해 무지할 정도로 여자들의 알권리를 박탈하고 왜곡된 사랑과 섹스를 주입시켜 여성들이 자신의 성과 욕망을 억압해온 것에 분노한다. 주류는 간교하게 여자들이 성에 대해 아는 것을 막아왔다. 여자들은 자신들도 모르게 무지의 성에 '갇히게' 된 것이다. 여성해방이 마치 컴퓨터 신제품 카피광고처럼 난무하는 작금에도 성해방은 금기시한다. 전에도 말했지만 사적 에로스를 겪지 않은 공적 에로스는 미완의 숙명을 벗지 못한다. 지금으로선 고품격 포르노그래피를 활성화하여 자라는 소녀들과 성인 여자 대상으로 특수 교육이라도 해야 할 판이다.

사랑하면 '그리움', '애틋함', '보살피고 싶은 무엇', '심장박동', '얼굴 붉힘', '사로잡힘', '매혹', '아늑한 불안전함', '만지고 싶고, 깨물고 빨고 싶은 무엇', '강렬한 육체적 욕망', '오르가즘의 환희' 등이 떠오른다. 사랑은 구체어이면서 동시에 추상어이다. 사랑이 정신적 소통과 육체적 소통이라는 두 채널을 통해 동등하게 표현되는 것이듯이.

그녀들 중 한 명이 오르가즘을 느꼈을 때를 표현해보라 요청해 왔을 때, 난 '머리와 몸의 하얀 빅뱅, 빅뱅 속에서 팝콘처럼 터지는 별 무리들'을 떠올렸다.

당신의 섹스지수를 공개합니다

중고등학교 때 일괄적으로 IQ 검사를 실시한다. 요즘은 어떠한지 모르겠으나 내가 학교 다닐 때만 하더라도 IQ는 선생님들만 아는 비밀이었다. 일종의 교내 천기누설인 IQ가 흘려지는 경우는 온전히 교사의 성향과 성품 혹은 돌발적 상황에 따랐다. 예를 들어 교사들도 인간인지라 어떤 학생이 학업수행능력이 뛰어나 늘 상위권의 성적을 내는데 지능 검사 결과가 평균지능 보통 100을 밑돌게 되는 경우, 그 학생을 유심히 살핀다. 이 경우보다 더 관심의 대상은 성적이 하위권인 아이의 아이큐가 평균지능을 현저히 웃도는 경우다.

교사들은 아이큐 140~160 사이의 아이가 성적이 하위권일 때, 아이를 불러 은근히 말한다. "너는 이런 머리를 가지고 왜 공부를 못하니? 반장을 봐. 반장은 고작 112의 보통 아이큐인데, 노력을 해서 저렇게 매일 1등을 하잖니? 네가 조금만 하면 반장을 물리치는 것은 아무것도 아니야. 선생님이 안타까워서 그래. 분발해라."

왜 교사가 그런 말을 했을까를 따져보기 전에, 교사의 말엔 편견이 고스란히 드러나 있다. IQ는 정신연령÷생활연령×100 으로 한다는 정형화된 산식이 있다. IQ는 유전적으로 타고난 지능수치가 아니다. 보다 후천적 학습능력을 측정하는 것으로 그때그때 변화하는 수치가 아이큐다.
프랑스 심리학자 알프레드 비네는 학습수행능력을 평가하여 '다수'와 '소수'를 가려 동일 학습그룹을 만들어 교수의 편의를 도모하고자 했다. 즉 아이큐 검사는 평균과 지체장애를 구분하는데 그 초기 목적이 있었다. 이것은 교수의 편의를 위한 것이다. 끼리끼리 모아놓아야 가르치기 편하지 않겠는가. 조금만 생각해보면 어떠한 도구 테스트용를 가지고 인간의 지능을 검사하는 것이 '말이 안되는 일'이라는 것을 알 수 있다. 실제적으로 아직까지는-뇌의 비밀이 밝혀진다면 미래에는 가능할지도- 인간의 지능을 측정화, 수치화 하는 것은 불가능하다.
인류에 광명을 가져다 준 인물들, 소위 세기의 천재라고 불리는 사람들 중에는 학교에서 '저능아', '바보' 혹은 '평균미달'이라 평가된 이들이 꽤 있었다. 평균미달인 사람들이 모두 천재인 것은 아니지만. 실제 천재는 그리 흔하지 않다. 나를 포함한 99.99999%는 지능적으로는-물론 개체적으로는 고유하고 소중할지라도- 그냥 보통사람들이다.

천재는 말 그대로 하늘이 내린 사람들로 자신들이 아는지 모르는지 인류성장에 견인 역할을 하기에, 아무에게나 붙일 수 있는 명칭이 아니다. 천재의 구분기준에 인류에의 기여도를 포함시킬 것인가에 대해선 사람마다 의견이 다를 것이다. 나는 인류에의 기여도를 포함시킨다. 예수나 붓다도 혼자만 깨닫고 득도하고 독야청청했다면 별 의미가 없기 때문이다. 아인슈타인이 홀로 상대성이론을 깨닫고 홀로 만족하고 갔다면 그게 뭔 의미일까. 천재의 운명엔 인류에의 공헌이라는 역할이 있고 이것을 달성한 자만이 천재적 운명을 이뤄냈다고 생각한다. 내 생각이니 딴지걸 생각 마시라!

이런 천재들을 제외하고는 영재니 뭐니 해도 그냥 도토리 키재기다. 내가 가장 궁금한 것은 천재는 타고난 것인가 계발된 것인가이다. 인간의 뇌의 무궁한 잠재성을 믿는 나는 천재는 계발되는 것이라고 논리를 펴지만 그렇게 단정짓기엔 좀 찜찜한 구석이 없지 않다.

여하튼 학습군을 편의상 나누려는 지능검사의 초기 목적대로라면 영재 이상, 평균, 평균 미달로 나누어 가르쳐야 한다. 그러나 사실 그렇지 못하다. 그저 평균과 평균 미달로 피치못해 나눈다. 안 그러면 수업이 안되니까. '평등과 기회의 균등'이라는 인간사회의 빛나는 이념을 찬양하지만 평등개념의 아둔하고 교활한 이용이 횡행하는 것에 대해서는 안타까움을 금치 못한다.

러시아 등의 사회주의 국가에서는 각 분야의 영재나 초감각능력자 ESP: extrasensory perception 들을 조기에 발굴해 집중적으로 키워 그 사회에 이바지할 일꾼으로 만든다고 들었다. 난 그것이 맞다고 본다. 이런 나의 의견에 또 일부 평등주의자들은 사회에 위화감을 조장하는 위험한 발상이라는 등, 선택된 자들의 '평범할' 권리를 국가가 강탈했다는 등의 주장을 펴며 입에 거품을 물겠지만, 그것은 평등을 잘못 이해한데서 비롯된 무지의 소치이거나 자신들의 이권을 위한 반동적 이슈화일 뿐이다. 더 정확하게 말하면 평등주의자들의 세확장을 위해 교묘한 전술에 대중이 부화뇌동하는 현상으로 볼 수 있다.

모든 사회화와 정치세력화엔 기본적으로 'stupid together 다 함께 바보'의 이념이 교묘히 깔려있다. 그래야 통제하고 지배하기가 수월하기 때문이다. 작게는 과거에 노예에게 교육을 시키지 않았던 의도와 다르지 않다. 국민의 바보화가 국가 지배계급 존속의 수월성을 보장하는 하나의 중요한 축이기 때문이다.

요즘은 IQ 이외에도 EQ Emotional quotient, 감성지수, SQ Social quotient, 사회성지수 등을 거론한다. 그뿐 아니라 'Q'자 돌림의 신조어들이 난발한다. MQ Morallity quotient, 도덕지수, PQ Personality quotient, 열정지수, DQ Digital quotient, 디지털지수, GQ Grobal quotient, 글로벌지수, NQ Network Quotient, 인맥지수, CQ Creativity quotient, 창조성지수, SQ Spiritual Quotient, 영성지수 등등.

인간은 기본적으로 나와 타자우리와 그들를 구분하여 자신과 자신이 속한 집단의 우월성을 증명하고 타자와 타집단을 질시하고 억압 착취하려는 본성욕망을 가지고 있다. 그러니 감성지수니 사회지수니 도덕지수니 하며 수치화된 'Q'들이 득세하는 것이다. 딱 까놓고 말하면 IQ와 EQ가 다르고 SQ와 MQ가 다르겠는가? 미안한 이야기지만 '총체적 지능' 안엔 사회지능, 창조성지능, 감성지능, 열정지능, 영성지능 등 모든 것이 포함된다. 물론 IQ를 수리추리력, 언어력, 공간지각력 등으로만 국한한다면 할 말이 없지만.

이런 수치화와 그루핑이 사회적으론 편의를 위하고 지배계급의 입장에선 통제의 용이성을 담보하기 위해 행해진다는 것을 간과하지 말아야 한다. 그래야 수치에 농락당함이 없고, 자발적 노예화를 어느 정도 막을 수 있다.

이런 지배계급에 의한 대중의 통제로서 사용되는 많은 Q들 중에 섹스 IQ, SQ Sex Quotient, 섹스지수는 왜 두지 않았을까? 섹스 아이큐이하 섹스큐를 만들면 얼마나 좋은가? 이 여자의 섹스큐는 103으로 평균입니다. 섹스하는데 탁월한 쾌감은 없겠지만 무난하니 꼴릴 때 그냥 편안히 하실 수 있겠습니다. 혹은 이 남자의 섹스큐는 거의 천재급입니다. 한번 경험한 '신의 섹스'를 잊지 못해 미치는 경우도 있으니 요주의 바랍니다. 이 여자의 섹스큐는 158이므로 이 여자와 섹스를 하면 굉장한 엑스터시를 느끼실 것이므로 꼭 놓치지 마시기 바랍니다. 단 워낙 경쟁이 세기에 오래도록 독점하려면 많은 노력을 해야할 것입니다. 혹은 이 남자의 섹스큐는 47로 평균에서도 현저히 떨어지니 그저 사용자의 욕망을 푸는 것 외엔 별 기대를 하지 마시길 바랍니다 등등.

남녀의 사랑과 결부된 극히 사적이고 지독하게 은밀한 부분을 '지수화'하는 것에 불쾌하신가? 그럼 IQ를 만들어 개개인의 지능이랍시고 측정하는 것은 불쾌하지 않으신가? 섹스큐를 만들어 각각의 사람들에게 IQ처럼 꼬리표를 부친다면 어떻게 될까? 지배계급에서 이런 생각을 안했을 리가 없다. 그럼에도 섹스지능이 없는 것은 피지배계급의 효율적 통제에 득이 안된다는 판단이 섰기 때문은 아닐까?

한편으로 너무나 안타까운 것은, IQ가 있으니 영재교육이라는 것이 나와 어떻든간에 아이큐를 증진시키는 방도들이 우후죽순 발달하는데, 섹스지능이란 것이 없으니, 발달은 커녕 늘 그 자리에 정체하고, 빨간책이니 선데이서울이니 값싼 포르노들 등의 변칙적 학습 채널만이 음성적으로 발달해 기형적 관음만 초래하는 것은 아닌지. '당신은 마지막 섹스를 언제 해보셨나요?', '당신은 어떤 체위를 좋아하세요?', '당신은 오럴을 어떤 방식으로 하시나요?', '당신의 에로틱 존 성감대은 어디를 훑고 지나가지요?', '당신은 절정 오르가즘에 오르면 어떻게 표현하시나요?', '상대와의 섹스에서 바라는 것은 무엇이지요?', '어떤 때 서고, 젖습니까?' 라고 물으면 펄쩍 놀라는 사회…. 가장 평등하고 확장되고 성장하는 관계인 섹스에서조차 불평등하고 권위적이며 퇴보하고 외로워진다면 얼마나 허무할까? 이얼마나 바보 같은 일인지.

과학이 발달하고 인간의 지능이 느리나마 진화하는 현대에서조차 섹스는 고여있고 썩고 퇴화한다. 섹스의 역사는 반동이다. 섹스는 혁명이 필요하다.

2013년의 섹스는 가라. 3013년대의 섹스를 꿈꾸자. 모든 지배계급의 교활한 통제와 억압에서 훨훨 벗어나, 하늘과 땅과 우주와 별과 초목과 꽃과 나비와 코끼리와 공룡이 당신과 내 안에서 함께 숨쉬고 환희하는 그런 섹스, 난 내 별, 링구아니아적 섹스를 꿈꾼다.

롤리팝을

좋아하시나요?

슈퍼에 가서 물건을 사고 계산대에 섰을 때였다. 계산 줄 중간에서 분홍 땡땡이 원피스를 입은 대여섯 살 쯤 되어 보이는 꼬마가 엄마에게 도리질을 치며 떼를 쓰는 것이 보였다. 꼬마 엄마의 목소리는 슈퍼의 소음에 묻히고 아랫입술을 살짝 깨문 난감한 표정이 무성영화를 보는 듯 했다. 꼬마는 도리질에 이어 온 몸을 좌우로 흔들며 발을 동동 굴렀다. 머리칼이 나풀거리며 부채살처럼 확 퍼졌다. 꼬마 엄마의 체념한 얼굴에 이어 꼬마가 계산대 옆의 롤리팝통에서 빨간 롤리팝을 하나 꺼냈다. 꼬마 엄마가 꼬마에게 손을 내밀자 등을 휑 돌린 꼬마가 고사리 손으로 롤리팝 껍질을 꼬물꼬물 까더니, 먹이를 받아먹는 아기새처럼 입을 벌리고 눈을 스르륵 감고는 롤리팝을 입안에 집어넣었다. 볼록한

볼로 쪽쪽 빠는 꼬마의 얼굴에 단박 웃음이 번졌다. 나도 모르게 미소지었다.

내가 꼬마 나이 때에도 막대사탕이 있었다. 초록·노랑·오렌지·빨강의 막대사탕은 사탕부분만 투명한 비닐로 포장되어 있어, 구멍가게에 가면 그 알록달록 맛있는 색에 온통 마음이 빼앗기곤 했다. 지금처럼 사탕부분이 구슬처럼 동그랗지 않았고 납작한 것을 빼면 롤리팝과 막대사탕은 다를 바가 없다. 초록은 사과향이 나고 노랑은 레몬 맛이었고 주황은 오렌지 맛, 빨강은 딸기 맛이었다. 초록막대사탕을 빨다가 혀를 길게 빼서 보여주면 파래진 혀를 보며 친구들이 깔깔 웃곤 했다.

지금도 가끔 롤리팝을 먹는다. 알사탕들도 많은데 굳이 롤리팝을 고집한다. 입안에서 데굴데굴 굴리다 깨물어 먹는 알사탕과는 달리, 롤리팝은 막대가 있다. 막대를 쥐고 입안에 롤리팝을 좌우로 돌리다가 입안의 공기를 빨아 삼키면 사탕은 혀, 입안 볼 안쪽과 입천장에 착 밀착된다. 막대를 천천히 잡아당기면 입안 전체와 입술에 딸기향의 끈적하고 달착지근한 맛을 남기고 '뽁' 소리를 내며 입술 밖으로 빠진다. 그것이 알사탕이 가지지 못한 막대사탕의 짜릿한 맛이다.

특히 롤리팝은 예전 납작했던 막대사탕과 달리 구슬 모양이어서 동그랗게 말은 입술 안쪽에 끈적한 단맛을 오롯이 묻히며 입밖으로 빠지는 것이 훨씬 감각적이다. 어쩌면 모든 사람이 막대사탕을

45
롤리팝을 좋아하시나요?

빨고 뽁 소리나게 빼는 행위에 나처럼 집착하지 않을지도 모른다. 부득 심리학적 관점을 빌어오면 구강기의 결핍이 아닐까 싶다. 내가 태어나자마자 엄마는 유선에 염증이 생겨 젖을 먹일 수 없었다. 분유를 소화시키지 못해 푸른 똥을 싸는 아기에게 어머니는 암죽을 떠 먹였다. 철저하게 빠는 만족이 결여된 상태로 항문기_{1세~3세까지 자아가 나타나는 시기}로 넘어갔다. 담배를 피는 것, 가는 빨대로 음료를 마시는 것을 선호하는 것_{가늘어야 한다. 굵으면 빠는 맛이 현저히 떨어진다}, 막대사탕을 좋아하는 것, 홀로 있을 때 습관적으로 입 안쪽을 빨아들여 볼을 홀쪽하게 만드는 것, 오럴섹스를 좋아하는 것, 모두가 '빠는 행위'에 대한 집착으로도 볼 수 있다.

한국여자들 중엔 유독 오럴섹스에 대해 거부감을 느끼는 이들이 많다. 거부감은 '불결함', '변태라는 생각', '부도덕함', '페니스에 대한 두려움' 등 복합적 감정에서 비롯된다. 그러나 불결한 것으로 치면 성기보다 입안에 훨씬 박테리아와 균이 많고, 변태라는 생각은 편견이며-가장 은밀한 관계, 섹스에서 양자 합의만 이루어진다면 변태라고 불릴 것은 없다.-부도덕함은 잘못 주입된 성관념이고, 두려움은 가부장적이고 남성중심적인 뿌리 깊은 사회적 가치관에 젖은 탓이다. 이것을 알려주어도 수많은 세월동안 억압과 편견에 물들어 살아온 여자들의 오럴섹스에 대한 생각이 단박에 바뀌진 않는다. 인간은 회의하는 동물이다. 왜 오럴이 싫고 끔찍한지에 대해 계속해서 의구하면 점점 나아질거라 믿는다.

물론 오럴섹스만 섹스냐고 반문할 수 있다. 페니스와 질의 인터코스만으로도 만족하고 즐기며 살 수 있다. 오럴섹스에 대한 편견과 오해와 진실을 밝히는 것은 어쩌면 어떤 분야이든지간에 편견을 깨는 것에 쾌감을 느끼는 내 성향 탓도 없지 않다. 나에겐 오럴섹스에 대한 오해와 진실을 밝혀 편견을 깨도록 논지를 펴는 것이, 외국인 이주가 증가하면서 발생하는 외국인 특히 유색인종에 대한 편견과 차별을 논하는 것과 다르지 않다.

가려야 할 부분, 수치심을 자극하는 신체부위라는 것이 또한 개인을 억압한다. 특히 기독교에서는 하와와 아담이 선악과를 따먹으며 처음으로 발가벗은 것에 부끄러움을 느끼는 것으로부터 원죄의 바탕개념이 나오기에, 크리스천들이 느끼는 수치심은 타종교인들이나 불가지론자·무신론자들이 느끼는 그것보다 강도가 훨씬 세다. 옷을 입어 신체를 가리는-의복의 역할이 추위, 더위 방지나 신체의 보호 혹은 장식효과 등이 있다는 것을 인정하고라도- 주요한 목적 중에 하나가 수치심을 줄이는 것이다.

수치심엔 건강한 수치심과 건강하지 못한 수치심이 있다. 건강한 수치심은 아기가 자라나며 부모에게 훈육받는 과정에서 자신의 행동이 타자를 해하거나 불쾌감을 줄 경우, 부모의 제재를 받으면서 생겨난다. 건강하지 않은 수치심은 수도 없이 많다. 특히 잘못된 사회 문화 가치관에 의해 형성되어 인생 전반에 걸쳐 개인의 삶을 지배하고 통제하며 고통을 준다. 쉬운 예로 학력배경에 대한 수치심,

가난에 대한 수치심 같은 것이다. 국민학교를 졸업하든 대학원을 졸업하든 그것이 수치심의 조건이 될 수는 없다. 그러나 암암리에 우리는 배운자와 못 배운자로 구분하고 못 배운자에 대해 편견을 만들어 차별한다. 가난도 마찬가지고, 이혼도 마찬가지다. 수많은 불필요한 건강하지 못한 수치심을 발명해 삶을 옥죈다.

그 중 하나가 나체와 성관계, 오럴 같은 특정형태의 섹스 등에 대한 수치심이다. 인간은 사회적 동물이어서인지 섹스를 하는 동안에도 '생각'을 한다. 그리고 그 생각들은 99% 이상 부정적인 생각들이다. 섹스하는 동안 생각을 하게 되면 섹스의 밑바닥부터 천장까지 누릴 수 있을까? 문명이 발달할수록 인간들의 섹스는 점점 사변적이고 왜소해지고 비겁해지고 둔감해졌다. 당연히 즐겁지 않은 섹스가 늘어난다. 그나마 사회적으로 성적 억압을 덜 받는 남자들은 여자들보다 섹스를 더 추구하지만 건강한 출구를 찾지 못한 남자들의 성적 추구는 일부 음성산업을 조장하는 결과를 가져 오기도 한다.

여자인 나는 남자가 여자에게 오럴섹스를 하는 그 느낌을 알 수 없다. 그런데 여자가 남자에게 오럴섹스를 하는 경우에도 남자들의 상상력은 여자의 오럴섹스를 지배한다. 영상매체나 활자매체 등에 바나나나 핫도그를 먹는 여자들이 오럴섹스를 연상시킨다고 정한 것은 남자들이다. 시각적 자극에 의해 흥분되는 남자들은 당연 여자가 바나나나 핫도그를 먹는 장면에서 '오럴섹스'를 본다. 여자인 내가 보기엔 오럴섹스는 얼마나 맛을 느끼며 빠느냐가 키워드다.

바나나나 핫도그는 치아를 사용해 절단해 먹는다. 남자들은 무섭지도 않은지. 여자에게 자신의 가장 중요한 부위을 잘려 먹히고 싶은 것인지.

오럴섹스를 가장 근접하게 나타내는 행위는 '아이스크림 플러스 롤리팝^{막대사탕}'이다. 부라보콘을 ^{깨물어 먹는 것} 빼고 혀로 천천히 또는 깊게 혹은 돌려가며 혹은 찌르듯 핥아 먹는 행위. 롤리팝을 입안에 넣고 입 안 곳곳으로 굴리며 혀로 이리저리 맛을 보다가 입안의 공기를 빨아드리면 사탕은 혀와 볼 안쪽과 입 천장에 착 밀착된다. 막대를 서서히 속도를 가해 잡아당기면 입안 전체와 입술에 딸기향의 끈적하고 달착지근한 맛을 남기고 '뽁' 소리를 내며 빠진다. 오럴섹스는 아이스크림과 롤리팝의 핥고 빠는 행위와 거의 흡사하다. 일단 오럴섹스에 대한 오해를 인정하면 다음은 'action & practice'가 따라야 한다.

여자의 오럴섹스는 혀의 맛돌기와 입안과 입술의 예민한 살에 극대의 쾌감을 준다. 느릿느릿 집요하고 끈적하게, 강하고 부드럽게 핥고 빠는 행위가 오럴섹스의 정석이다. 페니스에 꿀이나 체리시럽 등을 바르고 하면 달콤하고 향긋한 향을 느끼며 할 수 있다. 그러나 진짜 고기맛을 아는 사람들은 소스를 거부하고 날 꽃등심을 피가 베어나도록 살짝 구워 먹듯이, 진정한 오럴은 소스 없이 생으로 하는 맛이 최고다. 게다가 남자 스펌정액의 향과 맛이 입맛에 딱 맞는다면야 금상첨화가 아닐까. 사람마다 체향이 다르듯, 남자마다 스펌의 냄새와 맛이 다르다

마지막으로 아이스크림과 롤리팝을 핥고 빠는 행위가 제공하지 못하는 오럴섹스의 쾌감은, 시시각각으로 황홀경으로 빠지는 남자의 얼굴을 슬쩍슬쩍 '보는' 것이다. 이것은 또 다른 쾌감과 만족이다.

남자가 섹스를 할 때 여자의 촉발되는 에로틱 반응에 더욱 흥분하듯, 여자도 남자의 성적 리액션에 흥분되는 것은 말할 것도 없다.
오럴섹스할 때 내 머리속에 불꽃처럼 터지는 이미지는 달콤하고 살살 녹는 아이스크림이 단단하고 자극적으로 입안을 희롱하는 롤리팝이 되었다가 비릿하고 들척지근한 젖이 가득찬 부드럽고 단단한 거대한 젖꼭지로 압도되는 것이다.

Making love
& just having

Sex

'Make love'와 'Sex'는 같고 또 다르다. 둘 다 이성간 혹은 동성간 정념의 성행위를 뜻하니 같고, Make love는 굳이 번역하자면 '사랑을 만들다' 즉 '사랑의 구현으로서의 성교합'을 의미하고, Sex는 사랑해서 섹스할 수도 있고 사랑 없이도 섹스할 수 있으니, 메이킹 러브보다 섹스는 포괄적 개념이라는 점에서 다르다. '사랑 없이는 섹스할 수 없다'라는 가치관의 소유자들에겐 섹스와 메이킹 러브는 같은 개념이지만.

사랑 없는 섹스엔 '관계성을 전제하지 않은 육욕적 결합'뿐 아니라, 관계성이 있을지라도 '습관적 섹스'인 경우가 포함된다. 관계성 없는 사람들끼리의 육욕적 결합은 '원나이트 스탠드'이거나 지인, 친구라는 관계가 있더라도 '사랑으로 발전시킬 의지가 없는 상태'에서 순간적 욕망이나 욕망충족 계약에 의해 행해지는 섹스를 뜻한다. 사랑없는 섹스로 가장 간과되는 것은 '연인이나 결혼한 부부'사이에서 종종 발생하는 습관적 섹스다. 더 이상 사랑을 느끼지 못하면서 편의에 의해 혹은 습관이나 의무에 의해 혹은 자신의 욕망을 풀기에 법적으로 심리적으로 가장 안전한 상대여서-즉 어떠한 사회적 비난도 죄의식도 없이 섹스할 수 있는 상대여서- 행하는 것이 습관적 섹스다.

습관적 섹스를 비난할 수는 없다. 그렇게밖에 될 수 없는 상황이 안타까울 뿐이다. '습관적'으로 하는 것이 어디 섹스만일까. 정말 배가 고파서 감사한 마음으로 먹는 식사는 얼마나 자주 있을까? 때가 되어서 습관적으로 먹지는 않는지. 일을 정말 좋아해서 하는 경우는 또 얼마나 될까? 그저 돈을 벌기 위해 혹은 타성으로 일을 하고 있지는 않은지. 이처럼 '습관적으로 하는 것'의 문제는 결코 섹스에 국한된 것이 아니다. 습관적으로 하는 것을 왜 경계해야 할까? 습관적으로 하는 것들에 대해서는 예민해질 수가 없기 때문이다. 습관적으로 하는 것은, 그것이 무엇이든지, 둔탁하고 미련하며 둔감하다.

결혼은 사회적 계약이고 사회를 구성하는 최소단위다. 사랑 이외의 목적들-출산, 육아와 사회에의 공헌-에도 충실해야 한다. 그런 결혼의 사회적 목적들이 결혼 내에서의 '사랑' 혹은 '섹스'를 의무적 혹은 습관적으로 흐르게 한다. 게다가 삶의 스트레스가 다른 나라에 비해 높은 한국사회에서의 결혼, 섹스는 습관적으로 흐르기에 더욱더 용이하다.

결혼을 하고 나면 일하는 배우자들-남녀 모두 포함하지만 특히 남자들이 심함-의 가족과 함께 하는 시간의 절대 부족, 일 스트레스, 가족문화의 부재 가족문화에 대한 생각들이 점점 바뀌어 가는 추세이지만 아직 요원하다, 자녀교육의 압박 등의 문제들이 어떤 것이 먼저랄 것도 없이 동시 다발적으로 발생한다. 또한 확대가족 남녀 공히 배우자의 원가족들에 대한 의무처럼 부록으로 딸려오는 결혼생활의 구성인자들이 결혼함과 동시에 '주'가 되어 버린다.

아내들의 경우 남편과의 섹스를 그냥 '대준다'로, 남편들의 경우 의무니까 '해준다'라고 너무나 당연히 표현하는 사회다. 심지어 가족과는 섹스하는 것이 아니라는 자조적 유머를 사용하며 배우자와의 섹스리스 문제를 희화하고 풍자한다. 섹스는 쌍방적 능동행위인데 이미 머리속에선 여자는 수동으로 남자는 능동으로 개념화 되어있다. '대준다'나 '해준다'는 모두 습관적 섹스를 의미하는 서글픈 말이 아닐 수 없다.

섹스가 '소설'이라면 메이킹 러브는 '시'다.어떻게 성교합을 '사랑을 만든다'고 표현 했는지! 섹스는 설명과 이야기고 메이킹 러브는 은유와 상징이다.

섹스가 시각적이라면 메이킹 러브는 딱히 한 감각에 국한되지 않고 오감 확장적 감각이다. 또한 섹스가 육체적이라면 메이킹 러브는 영혼의 몸적 발현이란 느낌이 강하다. 추상개념인 사랑을 현실에서 구체화시키는 과정과 행위가 '메이킹 러브'다.

사랑의 구현엔 육체적 구현과 정신적 구현이 있다. 육체적 구현의 대표되는 것이 섹스고 정신적 구현의 대표적인 것이 언어 사랑의 말과 글들, 정신적 대화 다. 육체와 정신, 둘 모두의 구현이 균형을 갖고 있을 때 온전한 사랑 속에 놓여 충만함을 느낀다. 여자들은 정신의 대화를, 남자들은 몸의 대화를 중요시한다고 종종 말한다. 여자가 정확히 자신의 몸과 몸의 욕망을 알고 있는 경우, 여자들은 단지 말의 대화에 연연하지 않는다. 사회정치적으로 여성 개인의 성욕망에도 알게 모르게 억압이 있어왔고, 그 뿌리 깊은 편견과 무지로 여자들은 아직도 자신의 몸에 대해, 욕망에 대해, 알지 못한다.

남자들이 20대에 연애를 하면, 여자친구의 몸에 대한 생각에 사로잡혀 다른 생각을 하기 어렵다. 데이트를 하면서 여자친구에게 끊임없이 잠자리를 요구한다. 여자들은 대화하며 팔짱끼고 오솔길을 걷고 싶은데 남자친구가 너무 잠자리만 밝힌다고 불평한다. 그러다가 남자들은 나이가 들어가면서 '대화'를 필요로 한다. 남자들 간의 수직적이고 계급화된 장소에서의 대화가 아닌, 들판에서 모닥불을 지피고 앉아 지평선에 맞닿는 평등하고 확장되는 대화, 동계급의 인격체로서 나누는 온전한 수용과 공감 속에서 이루어지는 대화에 대한 욕구가 커진다.

여자들은 외려 나이를 먹으면서 육욕적 쾌락에 눈을 뜬다. 40대 여자와 20대 남자가 육체적으로 잘 맞는다는 말도 60대의 남자와 20대의 여자가 잘 맞는다는 말도 그런 연유에서 나온 것이다. 남녀 공히 정신적 만족만을 추구하거나 반대로 육체적 욕망만을 추구한다면 세상은 단순해지겠으나, 현실은 그러하지 않기에 여러 부조합의 남녀관계가 탄생하고 많은 관계가 고통이고 아픔일 수 밖에 없다.

서로의 이상과 가치관을 이야기하고 이해하듯, 서로의 육체적 욕망에 대해 대화하고 이해하는 것이 중요하다. 지독히 밀착되어 영향을 주고받는 선택 불가의 부모자식 관계도 버텨온 우리다. 간혹 가뭄에 콩나듯 부모자식이 찰떡 궁합인 경우도 있지만 대부분의 부모자식 관계는 애증의 관계다. 세상의 관계들 중 가장 긴밀하고 가장 폭력적이며 애정의 교류가 쓰나미처럼 오가는 관계가 부모자식 간이다. 당연히 부모자식은 서로 가장 많은 영향을 끼치고 또 가장 깊은 상처를 주고 받는다.
그것에 비해 남녀 관계는 우리가 친구 다음으로 맺는 선택적, 주체적 관계다. 단 친구 관계보다 남녀 관계에서 빈번히 복잡다단한 '정동의 역동'이 일어나는 것은, 남녀 관계가 부모자식 간의 역할과 영향들을 그대로 반영하고 모방해 지금, 여기에서 부모자식을 부활시키기 때문이다. 여자는 자기의 이성부모-아버지를 닮은 남자-를 무의식적으로 찾아, 그 남자와의 관계에서 자신이 아버지와 풀지 못했던 갈등을 반복한다. 남자 역시 어머니 닮은 여자를 찾아 그 관계에서 어머니와 풀지 못한 이슈를 반복한다. 남녀 공히 성관계를 가질 때 원형적 죄의식을 느끼는 것은, 남자는 상대에게서 어머니를, 여자는 상대에게서 아버지를 보며 근친상간의 느낌이 들기 때문이다. 남자고 여자고 이성부모로부터 정서적, 정신적 독립을 하고 난 뒤에 비로소 원형적 근친상간 느낌의 족쇄를 풀고 둘의 육체적 관계를 자유롭게 누리게 된다.

어쩌면 부부관계가 자주 습관적 섹스로 빠지는 것은 결혼 적령기가 미처 자신의 이성부모의 그림자를 벗어나지 못한 시기여서 그때 선택한 배우자와의 관계를 통해 정신적이든 육체적이든 자신들이 이성부모와 가진 이슈들을 반복하고 있기 때문인지도. 온전히 열정을 태우기엔 근친상간의 느낌 같은 꺼림직함을 떨칠 수 없어서 말이다.

영어권 외화를 보면 -외국인 남자들과 사귄 경험에 비추어보더라도- 남자가 여자와 육체적 관계를 맺고 싶어할 때 하는 말들이 한가지로 통일되어 있지 않다. 즉 성교를 뜻하는 말들이 여럿이고 당사자의 취향에 따라 골라 쓰는 것이다. 'Sleep together / go to bed'가 한국말로는 '같이 자자.' 정도 될 것이다. 가장 흔히 성관계를 갖자는 영어는 'I wanna sex with you, or Let's have sex'인데 이 말을 한국어로 번역하기란 쉽지 않다. '너랑 성교하고 싶어.' 혹은 '너랑 육체적 관계성관계를 맺고 싶어'. 등 뭐하나 딱 떨어지게 어울리는 말이 없다. 한국은 서구사회처럼 직접적이고 노골적으로 남녀 관계를 표현하지 않는 문화다. 전형적인 collective society집단주의 사회로 개인보다 가족이, 사회가 중요하다.

반면 Individualistic society개인주의 사회인 서구에서는 성적 표현이 구체적이고 노골적이다. 성교를 뜻하는 표현을 더 살펴보면 'I wanna be with you tonight.' 이 '오늘밤 너랑 같이 있고 싶어.' 이고, 'Let's make love.'가 '너랑 사랑하고 싶어.' 정도가 되지 않을까? '오늘 밤 너랑 같이 있고 싶어.'란 표현은 간접적이고 은근하다. 너를 사랑해서 관계를 맺고 싶다기 보다는, 사랑으로 진행중인 관계에서 이젠 우리 자도 괜찮지 않겠니? 라는 의뭉스런 제의로, 관계의 문턱을 한 단계 넘고자 하는 소망을 담고 있다.

개인적으로 섹스하자는 말을 좋아하지 않는다. 물론 내 개인 의견이라 일반화시키긴 어렵지만 섹스하자라는 말에선 경박하고 천박한 느낌이 난다. 대신 메이킹 러브라는 말을 좋아한다. 이러니 저러니 해도 난 구세대고 낭만을 추구한다. 아무리 육체적 욕망이 정신적 사랑과 같은 값이라 할지라도 밑도 끝도 없이 '섹스하자'란 말을 좋아할 수는 없다. 침이 꼴깍 넘어갈 정도로 섹시한 남자를 보고 머리속으로 '저 남자와 자면 어떤 느낌일까?'라는 생각을 하는 것은 또 다른 이슈지만.

섹스보다 메이킹 러브를 좋아해서 고루하다 할지 모르지만, 아직도 육체와 더불어 정신과 영혼의 사랑이 함께 해야 온전하게 합일된다는 생각이다. 흔히 섹스가 끝난 후엔 허무하다고들 한다. 섹스하면 허무하다는 통상적 관념은 온전한 합일의 느낌을 가지지 못했기 때문 아닐까? 사랑하는 사람과는 'Making love'를 하는 것이지, 'just having sex'가 아니라고 생각하는 것은 진부한가?

욕망충족만을 위한 섹스를 부정하지 않는다. 인간은 정신적 존재이며 또한 동시에 몸의 존재이다. 정신이 따라주지 않아도 몸이 반응할 수 있다. 그러나 오르가즘을 미친 듯이 느꼈다고 한들 과연 진정한 합일의 느낌을 가질 수 있을까? 역으로 정신적 사랑이 충만한 관계라 하더라도 섹스가 반드시 좋다라고 담보하지 못하는 불운이 있지만서도 말이다. 사랑에 있어 정신과 육체는 동등하게 중요하다. 하나가 다른 하나를 앞선다고 단정 지을 수는 없다.
섹스와 메이킹 러브가 다르다고 주장했는데, 과연 메이킹 러브는 어떤 느낌일까?
사랑하는 그대를 위해 순백의 침대 시트처럼 몸과 정신이 모두 그 사람의 밑으로 깔리는 순정의 느낌, 온전히 내 위에 군림하도록 허용하는 것, 엿가락처럼 나긋나긋해진 몸을 그가 원하는 대로 연꽃도 만들었다, 마그마도 만들었다, 자궁도 만들었다, 수줍은 코스모스로 만들어지도록 힘이 쪽 빠진 채로 내어 맡기는 것, 어떠한 생각에도 장악되지 않는 정신과 한 치의 긴장도 허용하지 않는 감정과, 마치 자궁의 양수처럼, 그녀의 몸이 그의 빈 곳을 틈 하나 없이 감싸안고 온전히 무조건적으로 수용하는 몸의 경지. 내가 생각하는 메이킹 러브다. 그 경지는 아기가 엄마를 믿는 것처럼, 충견의 주인을 향한 마음처럼 '전폭적 신뢰'를 바탕으로 나온다.

몸에서 힘이 빠지면 감각이 예민하게 살아난다. 예민하게 살아난 감각은 상대의 모든 움직임과 소리, 그가 내는 향과 맛에 민감하고 예리하게 반응하게 된다. 상대의 한없이 부드럽고 때론 강렬하고 거친 손놀림, 몸에 지문처럼 남기는 키스들-서늘한 이마에 부드럽게 눌려지는 입술의 뜨끈한 부드러움, 실크가 간지르듯 눈썹을 타고 내려와 눈꺼풀에 머문 뜨거운 숨결, 바짝 발기된 속눈썹을 핥아 파르르 떨리면, 콧대의 자존심을 가차없이 굴복시키고는 입술을 열고 밀려드는 뭉근한 혀, 끈적하고 뜨거운 혀와 혀의 깊은 교류, 입속 유희의 작별을 고하듯 아랫입술을 자근자근 깨물며 서럽고 끈질기게 빨아대곤, 턱선을 타고 내려가 목울대목청에 축축한 물길을 내다, 이별이 아쉬운 듯 다시 타고 올라가 귓볼을 깨물고 귓속 깊숙이 밀려드는 뜨거운 혀와 재즈 음율의 끈적한 숨소리로 온 몸이 자지러지는 참을 수 없는 간지러움에 문어가 된 여자가 네개의 촉수로 남자의 온몸을 휘감고 옥죄면, 혀의 희롱으로 이명을 내는 귀를 뒤로 한 그의 입술은 동그란 어깨선 타고 내려와 봉긋한 젖무덤으로 향하고, 어머니의 유선의 기억이 젖이 돌듯 되살아나 부푼 가슴 중앙에 단단하게 솟은 건방진 젖꼭지를 부드럽게 때론 힘차게 빨면 여자의 영혼까지 유선을 타고 남자의 입속으로 삼켜지는 짜릿한 고통, 여자의 몸이 동그랗게 말리며 아기에게 젖을 먹이는 기억의 태를 만들고 자신의 젖을 빠는 남자의 정수리에 입술을 지긋이 눌러 다정한 키스를 하고는 더욱 꼬옥 가슴에 끌어당기면 남자는 젖무덤에 세운 묘석, 남자의 입술은 어머니의 죽음을 안타까워 노래하는 묘비가 된다.

여자의 마음이, 영혼이, 몸 전체가, 거대하고 위대한 젖가슴이 되어 남자가 어머니에 대한 허기를 채울 때까지 배불리 먹이고 먹이면 여자의 젖을 게걸스레 삼킨 남자는 또 다른 허기를 채우려 여자의 젖가슴밑으로 의뭉스레 하강해 배꼽 깊이 혀를 박아 넣어 어머니의 끊어졌던 탯줄을 잇는다. 부드럽고 탐욕스러웠던 입술의 향연으로 아기태를 벗은 남자는 곧 몰아닥칠 폭풍우를 예감하듯 여자의 몸위로 자신의 몸을 포갠다. 파도처럼 짙고 결 거친 숨소리, 뜨겁고 끈적한 숨결, 비릿하고 메슥거리는 밤꽃 체향, 남자의 머리털이 몸을 파고드는 까끌한 느낌, 남자의 몸에 휘감겨 달라붙는 여자의 긴 정념, 질기고 요염한 머리칼들, 마주잡은 손바닥을 통해 전해지는 뜨겁고 나직한 기운, 그녀의 원형동굴을 찾아 더듬는 그의 페니스, 마침내 어둡고 축축한 동굴안으로 밀고 들어오는 남자의 성난 물건, 둔탁하지만, 은밀하고 빈틈없이 들어오는 남자의 페니스로 여자의 동굴 안엔 들어오는 길목길목 점점이 색색연등이 켜지고, 동굴벽 곳곳에서 환희의 샘이 흘러 강을 이루면, 질 안을 샅샅이 훑어 탐색하는 페니스로 그녀 자신도 모르는 그녀 몸의 숨겨진 부분이 들키고야 마는 느낌, 열쇠를 자물쇠에 넣으면 찰칵하고 맞아 떨어지는 합치된 쾌감, 그 상태를 잃지 않으려는 적극적 멈춤, 움직임 없이 혼동과 어지러움에 가만히 머무르면, 한 쪽으로 틀어 문이 열리기 직전의 팽팽하고 기분좋은 단단한 긴장감, 남자의 아랫도리와 여자의 클리토리스가 짓눌리듯 맞닿은 상태로 팽팽한 긴장이 상승하면 힘이 빠져 나긋나긋했던 여자의 아랫배에 어느 결 힘이 들어가고 여자의 허벅지 안쪽으로 소름돋듯 긴장이 뻗쳐나가며 허벅지와 둔부는 당장이라도 튀어오를 듯 단단해진다. 클리토리스가 페니스의 발기처럼 부풀어 오르면, 달밤의 밀물과 썰물처럼 남자의 몸이 여자의 질안 구석구석을 잔인할 정도로 집요하게 유린하고 곧이어 여자의 팽팽해진 둔부의 율동과 질 흡입운동이 시작되고, 여자 아랫배 안엔 뜨거운 오리알이 데구르르 데구르르 굴러다니며 곳곳이 불에 덴 것처럼 화끈화끈거리는데, 낮고 깊은 둘의 숨소리와 땀흐르는 소리만이 남자와 여자의 우주를 가득 메우고, 점점 격렬해지는 리듬 타는 율동, 남자와 여자는 서로의 몸에 꽃문신 내듯

할퀴고 깨물며 끝을 보려는 절망적이고 위험한 짐승들, 벼락치듯 요동치면 여자의 등이 활처럼 굽어 상현이 되면, 작두 타는 무당처럼 어쩔 수 없는 원초적 힘이 하체로 집중되어, 허벅지 안쪽으로 남자의 허리와 둔부를 휘감아 자신쪽으로 끌어당기며 절정에 오른다. 여자의 온 몸이 감전된 듯 부르르 떨리고 수만년 억압되었던 소녀, 누이, 어머니의 목소리가 합성된 통성이 입술을 찢고 자지러지게 터지면, 감은 눈 앞에 오색찬란한 불꽃놀이가 펼쳐지고 하얀 빅뱅이 머리부터 발끝까지 훑고 지나간다. 넘실넘실 흘러드는 남자의 정액을 받는 여자의 질은 세상의 아들, 오라비, 아버지의 영원한 노스텔지아. 이 세상이 아닌 느낌이 온 몸을 훑고 지나간 후, 그와 그녀는 서로의 몸에 포개어 오랜 포옹을 한다. 여자는 남자의 입술에 귀를 바짝 대고 노래를 불러달라 조르면, 남자는 이 세상의 음색이 아닌 땅보다 한참 낮게 내려간 목소리로 자분자분 노래를 들려준다.

전폭적인 상호 신뢰 아래 정신, 영혼, 몸이 한꺼번에 열려 상대를 온전히 조건 없이 수용하는 것, 그 안에서 별의 무리가 폭발하는 하얀 빅뱅과, 어디엔가 있을 고향 별의 진혼곡이 가득차 올라 한없이 그립고 너무 아름다워 슬픈, 서로의 우주를 빈 곳 없이 채워 느껴지는 충만함이 쓰나미처럼 내리 덮쳐 오는 것, '메이킹 러브'다.

63

MAKING LOVE & JUST HAVING SEX

촉각으로 본
너, 나

그리고 우주

　　　　　　　　　외출했다가 집에 돌아오면 가장 바쁜 신체 부위는 손이다. 네 마리 개들이 내게 동시에 뛰어 오르기 때문이다. 손이 두 개인지라 두 놈의 머리와 등을 쓰다듬는 동안 남겨진 두 마리 중 한 마리는 캉캉 원망스레 짖고, 다른 한 놈은 자신의 몸을 내 몸에 던져 온 몸으로 부비대다 굴러 떨어지고 또 던지고 떨어지기를 반복하며 순간이라도 몸을 내게 부벼댄다. 가끔 손이 두 마리의 머리 위에서 바쁜 동안 캉캉 짖어대며 불평하는 놈 쪽으로 발을 뻗쳐 놈의 배를 꾹꾹 찌르고 쓰다듬어 주기도 한다.
　소파에 앉아 있을 땐 한 놈은 자신의 머리를 내 손 밑으로 밀어 넣어 쓰다듬어 달라고 하고, 또 어떤 녀석은 손을 뻗어 살살 만져줄 때까지 내 몸 어딘가를 계속 긁어댄다. 또 어떤 녀석은 아예 내 무를 위에 올라타서 내 몸에 자신의 몸을 부벼대기도 한다.

야생동물들은? 인간들과 함께 사는 반려동물만큼 접촉의 욕구가 있을까? 야생동물들도 새끼 때는 어미의 품에 부비댄다. 그러나 자라서 독립하게 되면 더이상 그런 접촉은 없다. 반려동물들은 어미로부터의 독립과 무관하게, 인간의 손맛을 알게 될수록 접촉의 욕구가 커진다. 인간들로부터 인간만이 가지는 촉감의 쾌를 배우는 듯하다.

부끄러운 일인지는 몰라도 초등학교 4학년 때까지 엄마의 젖을 만지고 잤다. 그때까지만 해도 어머니들은 자식의 나이에 상관없이 품에 파고드는 자식을 내치지 않고 그네들의 몸을 온전히 내어주었다. 어머니의 젖가슴은 한국여자들에게서는 찾을 수 없을 정도로 어마어마한 크기다. 어머니의 몸이 가늘었기에 젖가슴이 더 비정상적으로 크게 보였다. 지금까지도 어머니는 앞으로 쏠린 젖무게로 척추에 무리가 와서 디스크를 앓았다고 믿는다. 그러니 맞는 사이즈가 없어 어머니는 브래지어를 사는데 어려움을 많이 겪었다.

초등학교 2학년 때 동대문 옷시장을 갔는데, 어머니가 속옷 파는 코너로 내 손을 끌고 재게 걸어갔다. 속옷가게 문가에 걸어놓은 소젖도 감쌀 크기의 브래지어를 이리 저리 들쳐보던 어머니가 '이건 얼마예요?'라고 물었을 때, 주인이 '파는 상품이 아닌데.'라고 말끝을 흐리다 어머니 가슴쪽으로 눈길을 주고는 입을 일그러뜨리며 웃음을 참는 장면이 지금까지 생생하다. 어머니는 아랑곳없이 그

걸려있는 샘플 브라를 팔라고 주인을 채근했고 난 어머니가 고개를 들 수 없을 정도로 창피함을 느꼈다. 어머니와 아버지는 내가 사춘기가 되었을 때 엄마의 젖사이즈를 닮지 않음에 안도하셨다. 지금이야 같은 여자로서 자기 가슴에 맞는 사이즈의 브래지어를 발견했을 때의 기쁨을 이해한다마는 그때는 어머니의 행동에 난감할 어린 나이였다.

내게 어머니의 거대한 젖가슴은 비릿하고도 달콤한 자장가다. 엄마의 보들보들한 물풍선같은 젖을 조물조물 만지지 않고는 잠이 들 수 없었다. 젖을 먹지 못하고 암죽을 먹고 컸기에 젖가슴에 그토록 집착을 했는지도 모르겠다. 4학년 때다. 나른한 7월의 늦은 휴일 오후의 그 사건이 아니었다면 중학생이 되어서도 엄마젖을 만지고 잤을지도 모른다. 휴일 낮 부모님의 방문을 열고 들어갔을 때, 내 것이었던 내 것이라 생각했던 엄마의 젖을 아버지가 차지하고 있음을 보았고 충격을 받은 나는 그때부터 난 엄마의 젖을 만지지 못하고 스스로 다른 방에서 자기 시작했다. 배신과 상실감을 뼈져리게 느꼈지만 나는 직감적으로 아버지의 대적상대가 못됨을 알았던 것 같다.

지금까지 난 만지고 부비대는 신체접촉을 좋아한다. 안고 쓰다듬고 뽀뽀하고 물고 빨고 하는 내 행동에 길들여져 개들도 스킨십을 집요하게 요구하는지도 모르겠다. 지금도 버디가 의자 손잡이를 짚고 서서 만져달라 내 팔을 긁어대고 있다.

집착에 가까운 촉감에 대한 연연함이 동기가 되어서인지 '추한 촉감'이라는 소설을 구상한 적도 있다. 반 정도 쓰고 폴더에 넣어둔 상태 추한 촉감은 정체불명의 바이러스가 전 세계적으로 퍼지고 감염자들은 촉감이 엄청나게 예민해지게 되어 살과 살이 닿으면 살 위에 기생하는 눈으로 보이지 않는 벌레들의 울퉁불퉁하고 꿈틀대는 징그러운 느낌이 든다는 설정이다. 감염자들이 급증하고 사람과 사람이 서로 만지지 못하게 되자 섹스도 없어지고 출산율도 거의 제로가 되어 조용히 인류가 멸망해 간다는 이야기다. 서로 닿지 못하는 인간들의 소외와 비애를 그리고 싶었는데 완성하지 못했다.

만지고 쓰다듬고 물고 빨고 핥아도 욕망은 결코 채워지지 않는다. 그것이 촉감이다. 어렴풋이나마 촉감이 내 존재의 근원 어딘가 맞닿아 있다는 것을 느끼고 있었던 듯 하다. 루돌프 수타이너의 「영혼을 깨우는 12감각」을 읽는데 머리 속에서 번쩍 번개가 쳤다.

> "외부 세계의 '그 무엇'인가를 향하여 나아갈 때, 동시에 '그 무엇'도 나를 향해 온다는 것이지요. 이 점이 촉각의 고유한 특성입니다. 외부세계의 어느 한 부분으로 인해 나 자신의 한 부분을 의식하게 되는 것입니다. 손가락으로 무엇인가 만지게 되면 '그 무엇'과 동시에 내 손가락을 의식하게 되지요. 촉각으로 우리의 신체를 의식하게 되고 이 '깨어남'의 과정은 특별한 현상, 즉 '경계의 체험'과 연관 되어 있습니다.(중략)
> 인간은 태어나는 순간 처음으로 잠에서 '깨어남'의 촉각을 경

험하고, 점진적인 발달과정을 통해 '나라는 존재가 어떻게 이 세상을 만나고 경험하며, 어떻게 신체의 크기를 인식하는지, 자신의 한계는 어디인가?'라는 엄청난 의식의 차원에까지 이르게 됩니다.(중략)

촉각 고유의 또 하나의 놀라운 특징은 촉각소체라는 감각점이 표피가 아닌 진피에 분포하고 있다는 점입니다. 감각체가 직접 대상과 닿는 후각과 대조적이지요. 신경세포가 비강의 점막조직에 분포되어 있어 기체가 신경말단에 직접 감지되는 후각은 물체의 '경계를 의식하지 못하지만', 촉각의 경우 피부 내부(진피)에 분포한 감각점을 통해서 피부의 경계만을 의식할 뿐이므로, 피부 바깥의 물체에 절대로 직접 닿을 수 없기에 우리는 단지 촉각이 전달하는 '경계의 상'을 인식할 뿐입니다. 따라서 촉각의 감각기관으로는 외부세계의 본질에 도달할 수가 없다는 것이지요. 단지 그 무엇인가를 경험할 뿐, 즉 또 다른 세계가 존재한다는 사실과 그 세계의 표면 '어딘가'를 의식할 따름이라는 것입니다."

수타이너의 주장은 평소에 느껴왔던 만져도 만져도 뭔가 충족되지 않는 갈망에 대해 명쾌한 답을 제시했다. 그는 이렇게 또 말하고 있다.

"촉각은 인간의 원초적인 동경을 표출하며, 촉각을 통해 의식의 저 깊은 곳에서 자신과 유사한 존재로부터 단절되고 격리되었음을 느끼게 한다. 이것은 우주로부터 분리되어 나와서 우주와 나를 인지하면서부터 생긴 동경이다. 끊임없이 우주와 대립하는 동시에 우주와 어떤 관계를 맺으며 살아가지만 인간의 이런 근원에 대한 동경은 채워질 수 없는 목마름일 뿐이다."

독일의 낭만파 시인 노발리스는 이 우주의 심오한 비밀은 "접촉은 분리이자, 동시에 결합이다"라고 수타이너의 설을 미학적으로 함축했다. 인류의 진화과정은 인간이 대자연인 우주로부터 지속적으로 분리되어 온 과정이며, 동시에 그 세계로 돌아가고자 하는 갈망의 역사라는 것을!

수타이너에 따르면 인간은 우주와 온전한 합일체를 이루고 있다가-이 상태에서는 잠을 자는 것처럼 아무것도 의식하지 못한다-, 수수께끼처럼 알 수 없는 이유로, 어느 날 우연히 우주에서 자신의 존재가 분리되는 데 이 상태에서도 나라는 존재는 여전히 의식이 없으며, 잃어버린 자아의 형태로 표류한다. 자아를 의식하기 위해서는 내가 일차적으로 우주에서 분리되고, 다시 우주와 마주서게 될 때 비로소 가능하다. 즉 나와 우주가 마주서게 되었을 때 우주와 동시에 자아도 인식하게 된다는 것이다.

촉각의 발달은 아기 성장에 매우 중요한 역할을 한다. 어른들이 아기를 끊임없이 어루만지고 쓰다듬으며 사랑을 표현하는 신체 접촉은 아기들이 낙원의 세계와 일체감을 느끼는 원초적 욕구를 간직한 채 자연스럽게 그 세계와 분리되는 것을 도와준다고 한다. 아기들과 하는 대표적인 놀이에 '간지럼 태우기'가 있는데, 이것은 아기가 우주로부터의 분리를 도와준다고 한다. 아기가 간지럼에 웃음으로 반응하기까지 얼마간의 시간이 필요한데 그것은 아기의 의식이 분리될 때까지 일정 시간이 필요하다는 것을 뜻한다. 왜 인간은 스스로 간지럼을 태울 수 없을까? 우울하고 슬플 때 스스로 간지럼을 태워 웃을 수 있으면 얼마나 좋을까. 저자는 스스로 간지럼을 태울 수 없는 이유에 대해 타인에 의해서만 간지럼을 타는 것은 나는 나 자신에게 낯설지 않기 때문이라고 한다.

나는 간지럼을 타지 않는다. 초등학교 5학년 때부터다. 그 전까지는 너무 심하게 간지럼을 타는 아이여서, 짓궂은 친구들이 나를 놀리는 방법이 간지러움을 태우는 것이었다. 그때는 그들이 손가락만 올려도 자지러지고 공포스럽기까지 했다. 또 신체기관의 통제를 잃어 오줌을 쌀 것이라는 두려움도 컸다. 그래서 스스로 간지럼을 안 타기로 했다. 친구들은 지금도 그것이 가능한가라고 의아해한다. 수타이너 설에 의하면 타인에 의해서만 간지럼을 탄다면 타인들이 더 이상 타인이지 않으면 간지럼을 타지 않을 수 있지 않을까? 어쩌면 감각의 변용으로 타인과 관계맺기에 변화가 이뤄졌는지도 모른다. 그 변용으로 인해 촉각에 어느 정도 자유로운 탐색을 할 수 있게 되었고, 타인과의 신체접촉에 거부감이 적어지게 된 것은 아닐까.

타인과의 가장 깊고 은밀한 접촉은 '젖을 빠는 것'과 '섹스'다. 젖을 빠는 것은 어머니 수유자 육체의 즙을 건네받아 자신의 생명을 이어가는 행위이다. 너무 사랑하면 먹고 싶다라는 표현을 하는데 '한니발'이 아닌 이상 실제로 상대를 먹지는 않는다. 그런데 상대를 먹는 행위에 가장 근접한 것이 젖을 빠는 것이다. 젖을 떼고 난 후엔 '섹스'가 가장 깊숙한 접촉이다. 몸 모든 부위에서 촉감을 느끼게 되는 느낄 수 있는 행위이기 때문이다. 물고 빨고 쓰다듬고 부비고 핥아도 촉각소체가 피부 속에 있어 궁극적으론 '경계만'을 느낄 뿐 결코 '상대 우주 안으로 들어갈 수는 없기에' 갈망은 채워지지 않는다 할지라도 말이다.

그래서 '촉각으로 인해 '그 세계 상대의 우주'의 근원은 오히려 수수께끼같은 비밀에 싸인다'고 그는 말했나 보다. 그래서 어쩌면 상대의 비밀 안으로 들어갈 수 없는, 상대 우주의 근원에 결코 도달할 수 없는 불가사의로, 오르가즘이란 촉감의 환희를 부여받았는지도.

> 오르가즘은 촉감의 순정체로 육체적 감각에서 초감각으로 넘어가는 우주의 '틈'이다. 슈타이너는 우리는 감각기관을 통해서만 초감각적이고 초자연적인 힘을 경험하게 되므로 모든 것의 출발점은 육체라고 했는지도 모르겠다.

그들의 최선은

훌륭하지 않았다

타문화를 가장 빠르게 이해하는 방법은 그 문화의 통용 언어와 음식을 접하는 것이다. 언어는 그 문화의 정신적 프레임이고 음식은 대표적 물질적 프레임이다. 한번도 가본 적 없는 나라를 방문했을 때 언어와 음식에 당황하고 두려움을 갖는 것은 자연스러운 일이다. 그것은 일종의 개인이 겪는 문화 충돌인데, 몸과 정신에 이미 익숙해진 틀을 가지고 있는 상황에서 다른 틀과 맞부딪히면 정서의 총체적 충격을 겪기 때문이다.

단기여행이 아닌 일정기간 이상 머물러야 하는 목적을 가지고 외국에 체류를 해본 경험이 있는 사람들이 농담처럼 하는 말이 있다. '제일 먼저 배운 것이 욕이야!' 체류가 여행 이상으로 길어지면 체류하는 곳의 문화에 어쩔 수 없이 몸을 담글 수밖에 없다. 인도에 유학갔을 때 나 역시 가장 먼저 배운 것이 욕이다. 인도는 18개의 지역별 공식언어를 가지고 있다. 거기에 전국구로 통용되는 언어가 영어다. 예를 들어 북인도쪽은 '영어'와 '힌디어'를, 중인도 하이데라바드에선 '탈구'와 '영어'를, 남인도 쪽은 '타밀어'와 '영어'를 공용으로 쓰고 있다. 이외에도 구즈라띠어 · 오리사어 · 네팔리어 · 벵갈리어 등이 그 지역의 공식언어이다.

필명으로 만든 '마야'는 인도어 중에서 가장 어렵고 오래되었다는 산스크리트어다. 인도철학을 공부하려면 산스크리트어를 반드시 알아야 한다. '마야'라고 만들어놓고 처음엔 이렇게 좋은 필명이 어디있을까 자부했는데 지금은 가끔 뜻이 너무 커서 내가 잡혀먹는 게 아닌가하는 생각이 들 때가 있다.

인도철학에선 인간이 보는 세상은 개개인의 눈에 비치는 '상'인데 그 상은 말 그대로 진짜가 아닌 '상' 즉 '환상'이라고 한다. 세상은 사람 수만큼의 환상, 즉 가짜가 존재한다. '마야'는 진짜를 볼 수 있게 하기 위해 역설적으로 '환상을 믿게 만드는 신의 힘'이란 뜻이다. 신이 바로 진짜를 내어주어도 인간은 진짜를 볼 수 없기에, 환상을 통해 진짜의 존재를 깨닫게 하려는 섭리가 '마야'다. 영화 메트릭스에서 가상의 세계가 가상이라는 것을 알고 나서야 진짜를 볼 수 있다는 것과도 같은 의미라 볼 수 있다.

영국의 식민지 시절을 기억하는 인도인들은 일본의 식민지를 기억하는 한국인들의 정서와 다른 면이 있다. 인도인들의 흡수체화 능력은 세계의 여느 민족도 따라갈 수가 없다. 인도의 교육체계는 영국식이며 영어로 되어있다. 영국이 물러가고 나서도 인도는 그것을 버리지 않았다. 외려 영어와 영국식 교육체계를 자기것화하여 맘껏 이용한다. 일단 인도에 유입된 것은 그것이 유쾌한 채널이든 불쾌한 채널 식민지 같은 이든 간에 인도의 문화 안으로 들어가 그들의 문화를 확장 보강하는 역할을 한다. 힌두교 신엔 붓다도 있고, 예수도 있고, 알라도 있고 심지어 마더 테레사도 신으로 봉해져 있다. 물론 소도 신이고 쥐도 신이고 뱀도 신이고 만물이 신이다.

네것과 내것을 구분해 타인의 것을 배척하고 자기 것을 지키는 방식은, 인도의 네 것도 내 것, 그의 것도 내 것, 그녀 것도 내 것이라며 가리는 것 없이 무지막지하게 집어삼키는 방식을 이길 수가 없다. 인도인들은 '영어의 네이티브 스피킹'이란 말을 우습게 알고 꾸리꾸리한 그들의 발음을 고치려는 노력을 아예 하지 않는데 그 주장의 근거는 전세계적으로 가장 많이 쓰이는 영어 액센트가 '인도식영어, 힌글리쉬'기 때문이라고 한다. 왜 아니겠는가? 13억의 인도 인구가 영어를 쓰니 영어권 나라 모두를 합친 인구수에 비교할 바가 아니다.

어쨌든 인도에 가면 영국식 교육제에 따라 영어로 공부를 하게 된다. 난 영어에 많이 서툴렀고 수업을 거의 알아들을 수가 없어 멘붕

상태였는데 그때 내 공부에 결정적 도움을 준 두 사람이 과의 베스트프렌드 비바라니와 지금의 파트너다. 비바^{비바라니의 애칭}는 심리학부를 수석으로 졸업한 친구였는데 내가 어버버하며 못알아들을 때마다 선배들의 노트와 족보들을 한 박스씩 가져다 주었다. 그런데 그 자료들을 읽어내는 시간이 너무 많이 들자 당시 기자였던 파트너가 퇴근 후 시간을 짬짬이 내어 10권 분량이면 1권 분량으로 서머리^{Summary}를 싹 해다 주었다. 난 그 두 사람과 더불어 파트너의 룸메이트인 '깔리안'과 많은 시간을 보내며 그들의 일상용어를 자연스레 배우게 되었다.

비바는 굉장히 다혈질의 여자여서 화가 나면 입에서 욕이 화수분으로 흘러나왔고, 파트너와 루미^{룸메이트의 약칭}는 둘 다 총각이니 입만 열면 욕이 반이었다. 그들과 카드를 치거나 체스를 두거나 술을 마시면 문장 하나에 '퍽큐맨', '불싯', 혹은 '댐잇'이 꼭 한번 이상 들어갔다. 비바는 영어욕에 한술 더 떠 힌디욕을 능숙하게 구사했는데 나는 힌디욕으로 크레이지란 뜻의 '빠글헤'를 배웠다.

욕은 언어를 넘어서는 정서다. 외국인들도 한국에 오면 '개새끼야', '씨팔^{씨팔놈아}', '좆까'를 제일 먼저 배운다. 그 문화의 욕을 아는 것은 그 문화를 수용하고자 하는 최초의 열림행위이다. 욕은 굳이 수용체^{받아들이고자 하는 사람}의 의지를 요구하지 않는다. 그저 비가 오면 대지가 젖는 것이 자연스럽듯 타 문화권에 발을 디디면 욕을 밟지 않고는 들어설 수 없는 그 문화의 흙과 같다.

수년 전 어떤 소설을 구상하며 한국의 욕을 체계적으로 알 필요가 있었다. 그래서 구입한 책이 '욕, 카타르시스의 미학'이다. 몇 가지만 보면 되었을 것을, 책을 여는 순간부터 얼마나 감칠맛이 났던지 눈을 떼지 못하고 고개를 끄덕이다 킥킥거리고 감탄하며 끝장까지 순식간에 읽었다.

한국에서 가장 유행을 타지 않고 보편적으로 쓰이는 '욕의 새우깡'이라 할 수 있는 친근한 욕은 씨팔이다. '씨팔'은 '씹할'에서 유래했는데, '씹'은 여성의 성기를 뜻하니 씹할은 성교를 뜻한다. 영어로는 'fuck'이다. 어찌보면 욕은 문화적 차이를 넘어서는 인류공통의 정서인 듯하다. 그래서 라캉이 '욕'과 '섹스'는 언어를 넘어서 그 전에 존재하는 무엇, 그리하여 언어로서 구성되는 사고의 장막을 찢는 것이라 표현했는지도 모른다. 자세히 들여다보면 '씹할'은 남자의 입장에서 여성을 대상화하는 성교를 의미한다. 씨팔은 '씨발', '씨불' 등 지역에 따라서 발음의 변화가 생기고, 언어의 변천에 따라 순화음으로도 변형되어 발음되기도 한다.

씨팔 외에도 '씹'에 관한 욕은 정말 다양하다. '장 쏟고 씹덴년 국 쏟고 씹덴다', '게으른 여편네 씹털 센다', '옴덕에 씹 긁을 년', '홍합 씨엔 물이 많고, 말 많은 년 씹엔 털이 많다' 등등. 참 해학적이고 촌철살인적 카타르시스가 탁탁 감전되는 욕들이다.

여자의 성기가 '씹'이라면 남자 성기를 뜻하는 욕으로 '좆'이 있다.

씹과 마찬가지로 '좆나', '좆까', '좆까라 마이신', '좆만한게', '좆도 없는게' 등으로 좆의 욕화는 이루어진다. 고전적으로 들어가면 '계집 배꼽에 좆박을 놈', '못된 수캐 부뚜막에서 좆깐다', '고자 좆자랑', '꼬부랑 좆 제 발등에 오줌싼다', '귀에다 당나귀 좆 박았나' 등이 있다. 그런데 어디에도 '좆팔'은 없다.

예로부터 씹을 하는 것은 욕이 되나 좆을 하는 것은 욕이 되지 않았다. 이로부터 유추할 수 있는 것은 '씹을 파는 것'은 가장 보편적 새우깡 욕이며, 창녀는 역사적으로 가장 더럽고, 간악하고, 죄가 많은 여자의 대명사로 쓰여왔다는 사실이다. 좆은 팔지도 않았거니와 외려 오입질을 많이 하는 것을 은연 중 능력자로 대우한다. 남창도 물론 있다. 성의 상품화는 남성 여성의 문제가 아닌 '권력의 소재' 문제다. 오랜 역사상 권력은 남자에게 있어왔으니, 팔고 사는 것의 대상은 늘 '씹'이었지, '좆'이 아니었다.

고대 신전을 지키는 여제사장들은 성을 파는 것이 아니라 성을 보시했다. 그 당시만 해도 많은 남자들은 자신의 성파트너를 가질 수 없는 상황이었다. 권력의 편재는 성권력의 편재를 불러왔고, 일부 특권층만이 그것을 과잉해서 누렸다. 동물의 세계에서도 사자나 영양들을 보면 싸워서 이긴 하나의 수컷이 모든 암컷을 거느린다. 수컷만 그럴까? 암컷들 역시 성에 차지 않는 수컷들이 아무리 구애를 해도 거들떠보지 않는다.

최고의 우성인자를 찾고 그것을 전수하려는 자연의 섭리는 암수 똑같이내장 되어진 프로그램이다. 그런 선택은 생물학적으로 최우성 유전자를 후대에 이어지게 해 종족의 번영을 꾀하려는 자연의 섭리, 진화하기 위한 행동이다. 성이 일대일 관계에 천착한 것은 일부일처제가 도입된 후이니 매우 짧은 역사를 가진다. 인간의 인식은 평등의 개념을 발명해냈고 휴머니즘이라는 미명하에 최대다수의 최대행복이라는 공리차원에서 성적 향유권을 나누기 시작한 것으로 보인다. 이 공리에 따른 성파트너의 축소와 엄격성이 인간의 진화에 반한 것이라 할지라도 말이다.

일부일처제는 공리구현의 수단이 되었는지는 모르지만 인간의 원초적 본능 즉 자연의 섭리에 반하기에 근원적 흠결이 있는 제도다. 구멍이 나면 때워야 하듯, 이리 깁고 저리 깁게 되는데 일부일처제의 불완전성을 가장 크게 보완해주는 제도가 '성매매'라고 한다면? 물론 보완도 권력에 편승되어 있기에 대체로 남자들을 위한 보안일 뿐이지만 말이다. 생각해보면 대체 어떤 다른 업종이 '성매매업'과 같이 긴긴 역사를 가지고 있을까?

'성을 파는 업'에 종사하는 창녀는 인류 역사상 가장 오래된 직업이다. 역사가 그만큼 길다는 것은 소멸되지 않는-혹은 살아남아 이어지는- 속성을 가졌다는 것이다. 꼭 여자가 성매매자이고 남자가 착취자라고 말하는 것이 아니다. 미래에는 지금의 기득권층 즉 남자가 혹은 양성애자가 혹은 백인들이 성매매를 할지 어찌 알겠는가? 모든 착취의 근원은 권력을 누가 가졌느냐에 좌우되는 문제이므로. 단 지금까지는 성매매자가 압도적으로 여자였고, 성구매자는 남자일 뿐인 것이다.

'도그빌2003'을 본 것은 7년 전이다. 마치 연극을 영상에 담은 형식이어서 처음엔 '이건 또 뭐지?'라는 호기심이 일었던 영화다. 영화는 무대의 세트장을 돌아가며 찍는데 그 세트장은 연극의 그것들이다. 새로웠으나 약간 지루했던 초반부분이 지나고 이야기가 진행될수록 눈을 뗄 수가 없었다. 경악과 분노와 역겨움과 치떨림과 환멸과 슬픔이 엉겨붙어 가슴을 꽉 메워 입술을 깨물어야 했으며 끊임없이 눈물이 흘렀던 것을 기억한다. 엔딩 크리딧이 오르고 나서도 한 동안 '인간, 너는 대체 누구냐?'란 질문을 스스로에게 던지고 멍하니 앉아 있었다.

로키산맥에 위치한 소박한 작은 마을 도그빌에 정체불명 미모의 여인 그레이스니콜 키드먼가 찾아오며 이야기는 시작된다. 충격에 쫓겨 도그빌로 발을 들인 그레이스를 두고, 주민들은 회의를 연다. 그리고 2주간 그레이스가 도그빌에 머물 수 있는 허가를 내어준다. 도그빌은 외지고 폐쇄적인 마을이다. 그레이스가 도그빌에 머문지 2주가 지나자 주민들은 그녀의 거취에 대한 또 한번의 주민회를 열게 되고, 그레이스를 주민의 한 사람으로 받아들이기로 결정한다. 주민의 관대한 수용에 감동한 그레이스는 매일같이 집집마다 돌며,

청소를 돕고, 아이와 노인을 돌보고, 아낙들의 요리 등을 도우며 자신을 받아들여준 주민들에 대한 고마움에 보답을 한다. 싹싹하고 아름답고 이타적인 그레이스는 단박에 마을의 아이콘이 된다. 그러나 시간이 지날수록 동네 남자들은 젊고 아름다운 그레이스를 성적으로 탐하게 되고, 남편들을 못미더워 하는 동네 아낙들은 남편들에 대한 자신들의 분노를 그레이스에게 덮어씌운다. 그레이스를 '남자들을 후리는 창녀'라고 칭하며 -그레이스에게 착한 천사라 찬사를 보낼 때는 언제고- 그녀가 먼저 남자들에게 꼬리를 쳐서 유혹했다고 주장한다.

도그빌 주민들은 또 다시 그레이스의 거처에 대한 회의를 연다. 여자들은 그레이스를 공창으로 만들어 자신들의 남편들을 지키고 그레이스가 철저히 유린당하도록 한다. 남자들은 자신들의 흑심을 부인들에게 들켰다는 이유로 아낙들의 결정에 지지를 한다. 누구하나 그레이스의 결백을 밝히지 않는다. 질투에 눈먼 여자들과 자신들의 음탕한 마음을 들킬 것이 두려워 그레이스가 유혹했다는 구실로 외려 그레이스에게 죄를 뒤집어씌우는 비겁한 남자들. 거기다 혼자 소유하지 못할 바에 그레이스를 통해 어떤 식으로든 자신들의 더러운 욕망을 채우려는 야비하고 비열한 남자들의 태도.

그들은 회의 끝에 결국 동네 후미진 곳의 허름한 창고에 그레이스를 감금한다. 그녀의 발목에 쇠사슬을 묶어 도망치지 못하게 하고는 남자들이 원하는 때는 언제든지 찾아가 그들의 성적욕망을 푸는 공창으로 만들어 버린다. 동네 아낙들은 그것을 모른척한다. 적어도 자신의 남편을 뺏길 염려는 없으니까. 그레이스를 몰래 흠모했던 남자조차 그녀를 찾아가 성적욕망을 풀고는 그녀를 위한 어떤 행동도 취하지 않는다. 도그빌의 공창이 된 그레이스를 도와주는 사람은 아무도 없다.

그레이스는 누구인가? 그레이스는 마피아 두목의 딸이다. 아버지가 하는 일에 혐오와 염증을 느끼고 반대하다가 어찌어찌해서 도그빌로 쫓겨 들어오게 된 것이다. 아버지의 일을 경멸했던 그레이스는 도회에서 멀리 떨어진 작은 마을인 도그빌이 물질적으론 풍요하지 않더라도 인간적일 것이라 기대하지만 외려 집단의 악과 맞닥뜨리는 역설적 운명에 빠진다. 우여곡절 끝에 그레이스는 아버지와 연락이 닿고, 그레이스의 아버지가 도그빌로 찾아와 딸을 구출한다. 마을을 떠나며 그레이스의 아버지는 그레이스에게 묻는다.
"마을을 어떻게 했으면 좋겠냐?"
"싹 쓸어 버리세요."
차가운 표정, 흔들림 없는 눈길로 그레이스는 답한다. 그레이스를 태운 마피아 두목의 검은 승용차가 떠나고, 마피아들은 도그빌 주민들을 몰살한다.

나는 영화 도그빌이 창녀의 탄생과 역사를 그리고 있다고 보았다. 창녀의 탄생엔 남자들도 또 그 남자들의 여자들도 합세한다. 자신의 남자를 다른 여자에게 빼앗기느니 그 여자를 모든 남자들의 노리개로 만들어 어느 한 남자도 그녀를 소유하고 싶어하지 않도록 망가뜨리는 것이 낫다고 생각한다. 남자들도 자신이 못 갖느니 그렇게 자신들의 더러운 욕망의 배설구로 만들어버려 자신들이 받아들여지지 못한 상처에 대한 잔인한 보복을 하고 유린하는 비열한 태도를 보인다. 도그빌은 남자와 여자 이야기이기도 하고, 권력의 이야기기도 하며 집단 광기에 관한 이야기이기도 하다.

창녀는 남자와 여자 모두에게 안도감을 주고 동시에 남자여자 모두로부터 공격을 받는 존재다. 창녀가 있어 여자들은 자신들의 남자들이 또 다른 이성과 사랑에 빠지는 것을 예방할 수 있다고 안도하면서 동시에 창녀들을 차별하고 경멸한다. 남자들은 구체적 관계 맺음 없이도 재화를 지급하여 자신의 원초적 욕망을 해결하고 암암리에 누리면서 동시에 창녀를 정숙하지 못하다 손가락질 한다. 내가 생각하기엔 창녀는 오랫동안 일부일처제 시스템의 안전망 역할을 해왔다. '인간의 존엄성'을 고려하면 이상적으로 없어져야 할 창녀들은 사실은 인간의 불완전함을 채워주는 현실적 역할을 해온 것이다.

일부 페미니스트들이 '성의 상품화 방지'를 내세워 '매매춘 방지 운동'을 벌여왔다. 성매매 방지법도 생겼다. 현실적으로 한국의 성매매시장엔 100만이 넘는 여성들이 매매춘을 한다. 서울의 인구가

1,000만 정도이니 서울 인구 10명 중 1명꼴이 창녀란 뜻이다. 그런데 말 그대로 '씹'만 파는 것만이 매춘인가? 직접적으로 자신의 씹을 팔지 않더라도 여성성을 이용해 자신의 일을 이롭게 하는 여자들의 수를 생각해보라. 씹을 팔면 성매매이고 씹을 제외한 각종의 교태와 애교와 여성성을 이용해 자신의 이득을 어떠한 방식으로든 꾀한 것은 괜찮은 것인지. 나를 포함해서 이 땅의 어떤 여자가 그 정도의 성을 팔지 않았다 할 수 있을까.

온라인 세상이 또 다른 세계로 자리잡은 요즘 세상은 어떠한지. 글과 사진을 올릴 수 있는 매체에서 우리는 또 다른 도그빌을 찍고 있지는 않은지 생각해 볼 일이다. 도그빌의 그레이스처럼 예쁘고 상냥하고 친절한 성격의 여자들이 온라인상에서 피해자가 되고 있는 것은 아닌지. 온라인상의 그레이스들에게 온갖 관음적 눈을 가진 남자들, 그녀들의 사심없는 친절을 자신에게 마음이 있다고 착각해 그녀들을 온라인상에서 탐하며 비정상적 음란한 상상으로 그녀들을 자신들의 노리개로 만들고 과대망상을 키웠다가 그녀들로부터 노우라는 대답을 어떤 식으로든 받게 되면, 그녀들을 철저히 온라인 공창으로 만드는 것은 아닌지. 그것에 다른 여자들이 동참하고 그레이스들을 온라인상에서 철저히 유린하는 것은 아닌지 말이다. 물론 온라인 세상에서도 꽃뱀 같은 여자들이 있고 카사노바 같은 남자들도 있다는 것은 다른 이슈이니 이곳에선 논외로 하고. 또 한 그러지 않은 정말 젠틀한 남자여자들이 있는 것도 논외로 하고. 인간의 어두운 본성이 온라인이라고 발현되지 않을 리 없다. 도그빌은 오프라인 세상이나 온라인 세상이나 존재한다. 남자나 여자나 자신의 욕망부터 철저히 살피고 탐색한 후 타인에게 같은 잣대를 들이댈 일이다.

'선생이시여, 이 여자는 간음을 하다 현장에서 잡혔나이다. 모세율법에 의하면 돌로 쳐죽이라 했습니다. 선생님은 어찌 생각하시나이까?' 예수가 몸을 굽혀 땅에 쓰시고 일어나 말하시길, "너희 중에 죄 없는 자가 먼저 돌로 쳐라" 했다.

권력이 남자들에게 속한 이상 이 세상 모든 여자들은 창녀의 운명이다. 여자들은 부지불식간에 누군가에 의해 정신적이든 물리적이든 간접적이든 직접적이든 간음의 대상이 된다. 스스로의 성의 자주성을 주장하고 성을 누리려는 여자들은 고래로 마녀사냥을 당해왔다. 남자들이나 여자들이나 자신들의 숨어있는 그림자 욕망에 대한 죄의식을 자주적인 성의식의 여성들에게 덮어씌어 그녀들을 창녀로 만들기 일쑤였다. 이런 상황에서도 그럴진대 하물며 어두운 인간들의 허술한 일부일처제를 유지하기 위해 탄생한 성매매 여성에 대한 시각은 더할 나위도 없겠다. 남자고 여자고 이 세상 어느 누가 감히 창녀들에게 손가락질 할 수 있을까?

지인과 성매매에 대한 이야기를 잠깐 나눴던 적이 있다. 난 성매매를 금지할 것이 아니라, 성노동자를 보호해야 한다고 생각해왔다. 성매매는 금지한다고 해서 금지되는 것이 아니다. 수요가 영원한데 공급이 없어지겠는가. 그럴 바엔 성매매 여성들을 성 노동자로 인정해 사회적 약자와 같은 맥락에서 보호해주는 것이 맞다. 누구나 서비스와 상품을 판다. 누구는 의술을, 누구는 법률지식을, 누구는 물건을, 누구는 육체 노동력을, 누구는 음식을, 누구는 그림을, 누구는 글을 판다. 나는 상담서비스를 제공하고 돈을 받는 상담 노동자이며 글을 써서 돈을 받는 글 노동자다.

성매매 여성들의 개인적 도덕성을 논하고 비판하기 전, 사회의 필요에 따라 발생한 직업이라는 것을 잊지 말아야 할 것이다. 성매매 하는 여성들을 손가락질하기 전, 자신을 돌아보고 돌을 들 것이며, 멸하지 않는 영원한 직업인 성매매를 방지할 것이 아니라 성노동자를 보호하는 것이 옳다.

난 '씨발'이란 욕을 들을 때마다, 씹을 팔 수 밖에 없는 성노동자를 떠올린다. 그리고 속으로 '좆팔은 없잖아'라고 욕을 하는 것이다.

씨팔은 '니미시팔'의 준말로 '제 어미와 성교를 할 몹쓸'의 뜻이나, 글에서는 글의 진행을 위해 '한다'는 의미의 '할, 팔'을 '판다'는 뜻으로 사용했음을 밝힙니다.

○
생각없이 섹스하는
당신과 나를

꿈꾼다
○

○

                깜깜한 영화관 안에서 얼굴이 붉어졌다. 옆자리 동행 남자의 얼굴을 곁눈질해 보았다. 화면을 뚫어져라 쳐다보는 그 사람의 견고한 옆모습에 고개를 돌려 정면을 보았다. 화면 가득 채운 두 사람의 나체가 리듬을 타듯 움직였다. 이를 앙다물고 집중하려는데 무릎 위에 놓은 손가락들이 자꾸만 꼼지락댔다. 다시 힐끔 옆의 동행의 얼굴을 훔쳐보았다. 눈길을 내려 무릎 위에 올려진 그 사람의 손을 보았다. 깜깜해서 그 사람의 손이 나의 것처럼 꼼지락대는지 알 수가 없었다. 다시 화면을 쏘아보며 이를 앙다물었다. 엔딩 크레딧이 오르자 나도 모르게 안도의 한숨이 흘러나왔다. 힘을 주고 있던 몸에서 긴장이 빠져 나가며 일어설 기운조차 없었다. 부축을 받아 일어서 나왔다. 스물두 살 때 일이다.

당시 그 영화는 세간의 집중적 관심을 받았다. 외설이냐 예술이냐의 논란도 많았다. 마지막 장면은 더할 나위 없이 아름다웠고 지독하게 불편했다. 영화는 '와일드 오키드'다. 누구는 내가 어린 나이여서 정사장면이 불편했던 것이라고 친절하게 설명해주었다.
프란츠 파농의 '검은 피부 하얀 가면'에 이런 글이 있다.

> '인종차별주의자들에겐 그들 자신의 믿음을 공유하지 않는 사람들을 설득할 목적으로 사용하는 논변이 하나 있다. 그 논변은 그것이 지닌 설득력때문에 언급할 만한 가치가 충분하다. 인종차별주의자들이 사용하는 논변이란 "만약 당신에게 딸이 있다면, 당신은 그 딸을 흑인과 결혼시킬 수 있겠소?"라는 물음이다. 인종차별주의자들의 편견에 우왕좌왕 하지 않을 것 같았던 사람들도 이러한 물음에 맞닥뜨리게 되면 비판적 이성을 잃기 십상이다. 나는 그런 상황을 여러 차례 목격했다. 그것은 인종차별주의자들의 그 논변이 사람들의 마음속에 일종의 불편감-더 구체적으로 말하면 근친상간의 감정과 같은-을 불러 일으킬 뿐만 아니라 거기에 한술 더 떠 그 불편감을 인종주의라는 방어본능으로 탈바꿈시키기 때문이다.'

'와일드 오키드'를 본지 20년이 흘렀을 때, 파농의 책을 읽었다. 왠지 모르게 프란츠 파농의 그 글귀에서 20년 전 '와일드 오키드'를 봤을 때의 불편함이 되살아났다. 몇 번씩 읽고 나서야 20년 전의 불편함이 왜 프란츠 파농의 글에서 되살아났는지 어렴풋이 알게 되었다.

인종차별주의라는 개념은 철저히 사회문화적 개념이다. 차별이 왜 발생하는가에 대한 사회심리학적 이론은 "'우리'와 '그들'을 구분해서, '우리'와 '그들'에 대한 가치평가를 '우리'쪽에 유리하게 함으로써 타자에 대해 불평등한 행동이 발생한다."라고 설명한다. 사실은 흑인이나 백인이나 황인이나 색의 차이는 있어도 가치의 차등은 없다. 그것을 누구나 안다. 그런데 그것을 아는 사람이라 할지라도 그에게 당신의 딸을 흑인과 결혼시킬 수 있겠냐는 질문은 불편감을 일으키는 것이다. 그것은 편견가치가 시대를 넘어 뿌리 깊게 개인에게 영향을 미치고 있다는 것이고, 또 하나는 '자신에게의 대입'이라는 점이다.

우리는 알게 모르게 섹스에 대한 사회적 입장에 물들여져 살아왔다. 섹스 그 차체는 극히 개인적인 것임에도 '사회규범'의 영향을 지독하게 받는다. 사회규범은 '섹스는 절제해야 하는 무엇이고, 사회적으로 인정된 관계에서 즉 법적 성년자, 결혼 내, 혹은 사랑하는 사람 사이에서만 가능한 것이다.'라는 암묵적인 약속을 우리에게 강요한다. 더 나아가 일부 종교에서는 성적 행위가 '음란하고 타락한 무엇'이라는 강한 메세지를 주고 있어, 인간 본성의 자유로운 행동을 제약하고 있다.

우리는 '사회적 섹스'를 하고 있다. 너와 나 단 둘이 섹스하는 것이 아니라, 너와 나와 도덕과 윤리와 너의 엄마와 나의 아빠와 사회와 문화가 같이 섹스를 하는 것이다. 결혼이 단순한 남과 여의 결합이 아닌, 가족과 가족의 결합이며, 가장 작은 사회단위라는 사회적 의미라면 섹스는 가장 반사회적인 것임에서 이 또한 사회적 의미로 전락했다.

섹스는 '생각 없이' 하는 것이다. 남자와 여자들이 섹스에 임할 때 머리속에 얼마나 무수한 생각을 갖고 있는지.
애무는 부드럽게 해야 하며, 남자는 사정을 해야만 오르가즘을 느끼고, 여자의 오르가즘은 파도처럼 계속 밀려오는 것이고, 이것이 도덕적인가 부도덕한가를 끊임없이 생각하고, 심지어 섹스라는 극히 은밀하고 지독하게 사적인 행위에조차 다른 가족을 생각으로 포함시키고 있는건 아닌지

사회적 의미가 성행위에 부착될 때, 성은 왜곡된다. 섹스의 사회화가 가속될수록 섹스는 급급해지고, 곁길로 빗겨가며, 불편하고, 자신도 모르는 죄의식에 사로잡히게 된다.

'와일드 오키드'의 아름다운 정사장면을 보면서도 끊임없이 옆사람을 살피고, 손가락을 꼼지락댔던 나처럼 말이다. 머리속으로는 성은

성스러운 것이며, 아름다운 것이라고 생각하고 있어도, 섹스의 자기 대입은 황홀하고 아름답기는커녕 불쾌하고 추악하며 불편한 감정을 불러일으키게 했다.

스무살의 그때 머리속은 성해방의 이론으로 가득차 있었고, 몸은 현실에 철저히 물들어 있었다. 지금은 많이 나아졌다 해도 사회적 섹스는 내 안에서 완전히 사라지지 않았다. 지극히 사적이고 지독하게 은밀한 섹스를 할 수 있는 세상을 꿈꾼다.

생각없이 섹스하는 당신과 나를 꿈꾼다.

나만 바라보는
그녀의

인형

아내의 인형은 언젠가부터 벽을 보고 있다. 오동통한 신랑인형과 신부인형을 산 것은 순전히 영화 탓이었다. 영화 중에 신혼부부가 섹스를 하고 싶으면 남편이든 아내든 자신을 상징하는 인형을 상대 인형을 향해 돌려놓는 깜찍한 장면이 있었다. 그 영화는 직장동료인 다른 여자와 같이 봤다.

그녀와 나는 은밀한 관계를 두번 가졌다. 한번은 회식 후 만취된 상태에서 둘이 의기 투합해서 모텔을 갔을 때, 또 한번은 그녀의 친정어머니가 돌아가시고 3일 후 초췌한 얼굴로 출근을 했을 때, 비상구에서 내 가슴에 기대 오열을 했던 날이다. 그녀는 남편을 사랑한다고 했다. 그 말을 듣는 순간 난 얼굴이 화끈 달아올랐다. 왠지 내가 그녀의 가정 파괴범처럼 느껴졌기 때문이다. 그 후로 그녀와 난 단순한 직장 동료 관계로 돌아갔다. 그녀는 아내에 비해 예쁘지도 않았고 이지적이지도 않다. 툭하면 부장에게 혼쭐이 나고 혼자 훌쩍거리기 일쑤다. 그녀가 예쁘다고 생각이 든 것은, 부장 방에서 나온 그녀가 한 손으로 입을 가리고 종종걸음을 치며 사무실을 뛰쳐 나갈 때였다. 순간 부장이 꽃사슴을 잡아먹으려는 못된 육식동물같다고 느꼈다. 그녀는 평범한 외모에 수줍음이 많았다. 가녀린 그녀를 보며 왠지 내가 보살펴줘야 한다는 의무감을 느꼈다. 그녀와의 두 번의 밀회는 달콤했다. 그녀는 섹스 중에도 도망가려했고 난 거칠게 잡아끌어 그녀를 품었다. 난 그녀가 그냥 앙탈을 부린다 생각했다. 옷을 벗기려하자 반대로 끌어 올리며 반항하는 모습을 보자 난 참을 수 없는 욕정에 휩싸였다. 회사에서도 나는 종종 백일몽을 꾸게 되었다. 그녀가 폭탄선언을 하기 전까지.

영화를 보자는 것은 그녀의 제안이었다. 다시 단순 직장 동료로 돌아가는 기념으로 보자는 것이었는데, 난 그녀의 말이 얌통머리없다 생각되었지만 거절할 수가 없었다. 마음 한 편엔 영화를 같이 보면서 그녀가 마음을 돌릴 수도 있지 않을까 일말의 기대가 있었다. 로맨틱 코메디를 보는 내내 그녀는 깔깔 웃었지만, 난 집중을 할 수 없었다. 지척에 그녀의 숨결, 머리향, 목소리가 있었다. 그러나 그녀는 한번도 고개 돌려 나를 보지 않았다. 영화를 보고 나와 술도 마시지 않고, 우리는 헤어졌다. 그때 그녀가 선물가게에 들려 산 것이 '신랑 신부 인형'이었다. 그것을 건네며 내게 행복하라고 말했다. 아내와 내가 인형놀이를 하면 좋을 것 같다는 말과 함께.

인형을 들고 들어가자 아내는 눈이 둥그레졌다. 평소 같으면 본체만체 할텐데 어쩐 일이지 반색을 했다. 인형을 꺼내 침실 탁자 위에 올려놓고 흐뭇하게 바라보기까지 했다. 난 영화에서 말한 장면을 설명하며 인형을 서로 마주보게 해놓은 날은 섹스데이라고 말했다. 아내가 어깨를 으쓱하더니 좋다고 했다. 이틀 후 아내의 인형은 남편의 인형을 보고 있었다. 그날은 회사를 출근하는 발걸음도 경쾌했다. 딱 점심시간까지였다. 1시를 넘기고 3시가 지나 퇴근시간이 다가오자 점점 초조해졌다. 부장눈을 피해 인터넷을 뒤져 섹스의 모든 것, 황홀한 체위 등의 글들을 읽었다. 눈에 들어오지도 않았지만 내가 따라할 수 있는 것도 아니었다.

6시 30분, 동료들이 사무실을 뜨기 시작했다. 난 계속 서류철을 하릴없이 펼쳤다 덮었다를 반복했다. 사무실이 반쯤 비자 난 책상정리를 하기 시작했다. 작은 라벤다 화분에도 물을 주었다. 옆 자리의 미스리가 그저 '물 많이 주면 안돼요.' 라고 경고했다. 라벤다는 숙면을 취하는 데 도움을 주는 허브다. 난 라벤다 향에 취해 사무실 책상에 고꾸라져 잠드는 상상을 했다. 그때 "어이~" 하고 건너 편 책상에서 김계장이 말을 걸었다. "주계장 한 잔 어때? 끝내주는 곱창집이 있는데 말이야.", "어어…그래." 라고 답을 했다.

난 그날 새벽 3시 술이 떡이 되어 들어갔다. 아내는 못보던 분홍 란제리를 입고 소파에 기대 잠들어 있었다. 까치발을 하고 안방을 지나 드레스 룸에 들어가 새우잠을 잤다. 다음날 난 김계장 부친상이라 거짓말을 했다. 아내는 왜 연락도 안했냐고 타박했다. 난 전화를 했는데, 안받더라며, 통신회사의 문제일거라 둘러댔다. 아내는 의심이 가시지 않는 얼굴로 휑하니 아침식사 준비를 하러 갔다.
그 다음날 또 다시 아내 인형이 돌려져 있었다. 그런데 이번엔 내가 돌리지도 않은 신랑인형이 아내인형을 보고 있었다. 난 몸서리가 쳐졌다. 아내는 콧노래를 부르며 곰탕을 끓이고 있었다. 난 그날도 하염없이 거리를 헤매다 오랜 친구에게 전화를 걸어 피곤해 쉬겠다는 놈을 억지로 불러내 술을 마시고 인사불성이 되어 들어왔다. 그 뒤로 아내는 말이 없어졌다. 아내의 인형도 벽을 보고 돌아서 있었다. 난 고민끝에 상담가를 찾기로 했다. 난 일부러 여자 상담가를 찾아갔다. 왠지 남자 상담가에게 말하기 부끄러웠다. 여자 상담가는 내 말을 처음부터 끝까지 조용히 듣고 있다가 인형을 치우라고 했다. "섹스가 무슨 호텔방입니까? 예약을 하게." 하며 미소지었다. 욕망은 짜맞춰지는 것이 아니라면서.

남자가 갑자기 성욕을 상실하고 불능처럼 행동한 이유는 무엇일까? 성욕은 본능이다. 본능은 계획되고, 짜지는 것이 아니다. 오월 단오날 그네를 타고 먹을 감고 청포향을 풍기며 섹스를 해야지 하는 말은 엉터리다. 그네를 탈 수도 있고 먹을 감을 수도 있지만 섹스를 할 수 있을지는 장담할 수 없다. 남자가 본 영화는 영화일뿐이다. 간혹 가뭄에 콩나듯 예약제 섹스를 하는 커플들이 있을지 모르겠지만 대다수는 그렇지 않다. 우리가 성적욕망을 계획하는 것이 아니라, 성욕이 우리를 계획한다. 천생연분 아내라고, 사랑하는 연인이라고 항상 성욕이 이는 것은 아니다. 성욕은 예기치 않은 소쩍새울음 같은 것이고, 예측못한 소나기 같은 것이다. 성욕을 예단할 수 없다.

남자는 왜 아내보다도 예쁘지 않은 사무실 여직원에게 그런 성욕을 느꼈을까? 새로운 사람이라는 이유도 있겠지만, 여자가 자꾸 앙탈을 하며 반항하는 것에서도 충분한 이유를 찾을 수 있다. 남자들은 대부분 강제로 하는 섹스에 대한 판타지가 있다. 힘의 증명이자 정복욕의 충족이 따르기 때문이다. 문화화는 남자들의 야생성을 죽였다. 강한 남자는 이제 눈 씻고 찾아볼래야 볼 수가 없다. 에티켓과 매너를 갖춘 이빨빠진 호랑이들만 즐비하다. 문화인다울수록 성욕은 감퇴하는 법이다. 섹스가 가지는 무지막지한 비문화성때문이다.

'결혼 내 강간'이란 말을 언젠가부터 쓰기 시작했다. 결혼 내에서 발생하는 폭력 피해자 여성을 보호하려는 취지에서 출발했을 것이다. 페미니스트들은 결혼 내에서도 강간은 존재한다고 목청 높게 외쳤다. 맞는 말이다. 결혼 내 강간은 결혼 내의 총체적 여성 인권 침해와 함께 온다. 아내를 강간하는 남편은 다른 일에서도 아내를 핍박하고 억압할 것이기 때문이다. 결혼 내 강간만을 떼어내 아내의 성권리 보호를 주장하는 것을 난 마뜩잖게 생각한다. 이슈화를 위한 이슈화 같기 때문이다. 결혼 내 강간을 좀 다른 시각으로 볼 필요가 있다. 위에서 말한 총체적 인권침해의 범주 밖에 있는 것을 말하는 것이다.

냉장고에 음식이 그득 차있을 때, 우리는 음식에 대한 탐이 줄어든다. 예전에 TV 프로그램에서 먹는 것을 너무 밝히는 개가 나온 적이 있다. 개는 산책을 할 때도 쓰레기통을 뒤지느라 걷지를 않았다. 이것을 교정하기 위해 조련사가 해준 처방은 개 밥그릇에 개밥을 항상 철철 넘치게 담아 24시간을 두라는 것이었다. 그러면 개의 식탐은 자연스럽게 준다는 것이다. 개주인은 개가 그 많을 것을 다 먹고 병이 나지 않을까 우려했지만 조련사의 조언을 따라한지 일주일도 되지 않아 개의 식탐은 감쪽같이 사라졌다.

결혼을 하면 아내와 남편은 24시간 언제나 섹스를 할 수 있다. 남편이 브래드 피트 같고 아내가 안젤리나 졸리 같아도 마냥 제공되는 24시간 섹스 서비스로, 성욕은 감퇴할 수밖에 없다. 연애시절 같은 밀고 당기기는 더 이상 존재하지 않는다. 게다가 섹스 예약인형을 동원하게 되면 남자의 물건은 더이상 힘을 발휘하지 못한다.

결혼 내 강간이란 남편과 아내 모두 성에 눈이 떠진 경우에 가능하다. 아직도 소녀티를 벗지 못하고, 섹스를 불결하고 죄악이라 생각하는 파트너가 있으면 정말 강간이 되기 때문이다. 성이 무엇인줄 알고 성을 맘껏 즐길 수 있는 파트너 사이에서는 어떠한 것도 허용된다. 물론 상대가 허용하는 한에서 말이다. 결혼한 커플끼리 불현

듯 솟구친 욕망으로 상대를 덮친다고 무슨 죄가 될 것인가. 더 짜릿하고 활활 타오를 것이다. 남녀 모두 말이다. 물론 여자가 덮칠 수도 있고!

베드에서 지나치게 젠틀한 것은 젠틀하지 못한 것만 못하다. 섹스의 본성이 고스란히 발현될 때, 가장 환희에 찬 섹스를 할 수 있다. 문화화가 가속될수록 섹스는 점점 시시해졌다. 쓸데없는 것을 너무 많이 담고 있는 머리는 시어머니가 되어 행동의 감시자가 되었다. 사실 현대인들은 보이지 않는 수많은 감시자의 눈 밑에 놓여 있다. 극히 은밀하고 사적인 섹스에서조차. 인간의 자유는 식생활뿐 아니라 성생활에조차 박탈당한 위기인 것이다. 우리는 이것을 주지할 필요가 있다. 정말 그럴 필요가 있다.

PART 2　MAN AND WOMAN

사랑을 쫓는 남자, 사랑을 기억하는 여자

○
She is
hot!

He is cute!
○

○

　　　　　현대 한국사회에서는 남녀 간에 상대의 매력을 표현하는 수사들이 다양하지 않다. 춘향전 같은 고전을 보더라도 과거엔 그러지 않았던 듯하다. 지금의 한국사회는 낭만 상실의 시대다. 남자들이 여자에게 기껏 말한다는 것이 '예쁘다' 혹은 '귀엽다', '멋있다' 정도다. '섹시하다'란 말도 잘 사용하지 않는다. 한국사회에서는 아직도 '섹시하다'란 말이 칭찬의 범주에 들기엔 불편한 요소가 없지 않다. 여성들로 하여금 자신의 매력을 개성있게 발산토록 조장하는 문화토양이 깔려 있지 않다. 특히 성적 매력을 여자 스스로 발산하게 되면 까딱 잘못하다간 '헤퍼보인다'로 곧장 연결되기 때문에 여자들 스스로도 조심하는 구석이 많다. 여성해방-원래 인간해방이라고 하는 것이 맞다. 억압된 여성들, 동성애자들, 남성들 모두 억압구조에 촘촘히 연관되어 있다-을 외치며 남녀평등을 이야기하면서도 이러한 억압적 기제機制-성적매력을 발산하면 문란한 것으로 보일 것이라는 두려움-에서 벗어나지 못하는 것을 본다. 혹은 그런 여성적 매력 발산을 융통성 하나 없이 '성의 상품화'라는 카테고리로 꽉 묶어버린다.

페미니스트를 포함해 소위 무슨무슨 무브먼트를 하는 운동가들을 만나면 그들은 내 옷차림에 경악한다. '쟤는 뭐니? 저 여자, 운동한다는 거 맞아? 저런 파진 옷을 입고 무슨 운동을 한다고, 손톱은 왜 또 그리 길러 빨갛게 칠해가지고서는. 쯧쯧쯧… 머리속에 온통 허영만 가득 찬거 아니야?' 이런 생각들이 그들의 표정에서 고스란히 드러난다. 그뿐인가? 글을 쓰는 사람들의 모임에 나가더라도 다르지 않다. 거기다 어찌어찌해서 탱고를 춘다 하면 경악에 최고점을 찍는다. 진보와 자유를 부르짖고 예술을 한다는 그들조차 또 다른 편견과 억압에 짓눌려 있는 것이다.

사실 가족들에게조차 극좌로 취급당하는 나는 진보도 중도도 보수도 아니다. 어떤 것으로 규정 지워지는 순간 바로 그 틀에 매몰되고 또 파벌을 조성하기에 모든 집단화를 경계한다. 무브먼트를 위한 집단화는 필수불가결하다는 것과는 별개의 문제로.

한국은 대표적인 collectivism 사회라는 것을 인정하더라도 개성의 발현까지는 바라지도 않지만 한국사회의 트렌드는 지나치게 편향

된 '극단적 획일화' 경향을 보인다. 거리에 나가면 가뜩이나 단일 인종 국가라 까만 머리카락에 몽골리안 얼굴들뿐인데 옷이나 장신구들 역시 천편일률적인 것을 보면 숨이 콱 막힌다.

한때 루이비통 백이 장바구니처럼 아줌마 팔에도 아가씨 팔에도 할머니 팔에도 들렸던 적이 있다. 백이 자신의 옷차림이나 모임에 맞는지 아닌지 정도의 고려도 없이 너도 나도 드니까 마주잡이로 들고 다니는 모습에 눈이 다 피로했다. 이것이 전형적인 한국사회의 유행패턴이다. 나는 명품 브랜드 명을 잘 모르지만 가끔 공항 면세점을 돌다가 '오, 저거 좋은데!' 하면 옆에 있던 친구들이 '저게, 에르메스야. 으이구 눈은 있어가지고.'라고 말한다. 4년 전 공항 면세점, 선글라스숍에서 '와, 저거 예쁘다.' 했더니 파트너가 '돌체앤가바나야.' 했다. 내가 돌아보며 '뭐? 돌체앤바나나?' 했다가 무식하다고 얼마나 놀림을 당했는지.

한국의 획일 문화는 미를 표현하는 수사에도 영향을 미치는 게 아닌가 싶다. 한국에서는 여자들이 '성적으로 매력적인' 남자들을 지칭할 마땅한 말이 없다. 그냥 '섹시하다'라고 할 수 있을 뿐인데 한국여자들은 남자에게 섹시하다는 말을 거의 하지 않는다. 그냥 잘생겼다, 꽃미남이다, 멋지다, 남자답다 정도가 고작이다.

영어권 영화를 보면 종종 나오는 장면이 있다. 여자들끼리 모여 있는데 성적 매력이 넘치는 남자가 그들 곁을 지나가면 여자들은 'He is cute!' 라고 자기들끼리 말한다. 'Cute'를 아이들에게 쓰면 '깜찍하다', '귀엽다', '사랑스럽다'의 뜻이지만 성인남자에게 쓰면 '섹시하고 매력적이다'라는 의미다. 한국에서 남자들에게 '귀엽다'라고 하면 남자들은 농락당했다 생각하거나 심지어 그런 말은 남자에게 쓰는 말이 아니라고 할 것이다.

성적으로 매혹적인 여자를 지칭하는 마땅한 수사가 없기도 매한가지이다. 농염하다 할 것인지, 요염하다 할 것인지. 이런 말들 잘못 썼다가는 단박에 성희롱범 되기 십상이다. 그래서 일반적으로 영어를 빌어와 '섹시하다'라고 말한다. 이것 역시 한국사회 가치관의 영향이다. 한국 남자나 서양 남자나 아프리카 남자나 욕망은 같을 것이나, 한국 사회는 성적 매력의 찬사를 공공연히 표현하는 것을 천박하다 보는 경향이 짙다. 그러면서 음성적 성문화가 가장 성행하는 곳이 또한 한국 사회니 이 얼마나 모순인가.

영어권 사회에서 성적 매력있는 여자에게 쓰는 용어로 sexy하다는 말도 있지만 더 보편적으로 쓰는 용어가 'She is hot!'이다. 'She is hot.'은 성적 매력이 넘친다는 의미로 여성에게 쓰는 최고의 찬사다. 어쩌면 일반적으로 여성에게 쓰는 찬사 중 최고일지도 모른다. '인텔리전트', '스마트' 나 '뷰티플', '러블리'도 있겠지만, 뭐니뭐니해도 '핫'만한게 없다. 'hot'이 가지는 원초적 느낌은 인텔리전트나 뷰티플의 문화화된 언어들과 질을 달리하기 때문이다. '핫'은 원래 뜨겁다라는 뜻으로, 촉감을 표현하는 용어를 가져다 '성적매력'에 결부했기에 매우 감각적이면서도 시적이다. 물론 내 생각이지만.

서구사회에서는 여자가 Hot한데 smart하고 funny하기까지 한다면 더할 나위 없는 최고의 여자가 된다. 영화 '메리에겐 특별한 것이 있다' 속의 '메리'처럼. 한국에서는 여자의 유머센스를 높게 쳐주지 않는 경향이 있다. 그저 얼굴이나 예쁘장하고, 순종적이면서 남자의 농에나 헤헤거리며 잘 웃어주는 것을 선호한다. 모든 한국남자가 그러는 것은 아니라 할지라도, 여자가 유머센스가 있다는 것이 남자들에겐 위협이 되는 듯하다. 돈이나 명예도 권력을 쥐는 요소이기도 하지만 유머감각이 뛰어나다는 것만큼 평생 지지 않는 권력은 없다.

서구사회의 갤럽조사에 의하면 여성들에 가장 선호하는 배우자는 '유머센스가 뛰어난' 남자라는 결과가 있다. 외국인 친구들을 만났을 때 내가 '브로큰 잉글리쉬'로 농담을 몇마디 하면 단박에 친구가 된다. 유머야말로 '인터내셔널 언어'다. 지난한 삶에서 '유머'없이 살아낼 수 있을까? 유머센스가 뛰어난 사람은 누구나 머리가 좋다. 그렇다고 머리가 좋다고 모두 유머센스가 있는 것은 아니다. 외국에서는 '유머센스' 있는 남자도 선호하지만, '유머센스' 있는 여자 역시 높이 쳐준다. 사실 유머감각은 신이 내려준 대단한 달란트이다. 연습해서 되는 것도 아니며, 후천적으로 가꿀 수 있는 재능의 범주에 들지도 않는다.

어떤 남자를 보고 cute 하다고 할까? 물론 성적매력이 넘쳐야 하고 그러면서도 이 여자 저 여자에게 껄떡대지 않는 남자다. 여자들이 보기엔 지조 있으면서 성적 매력이 넘쳐야 cute 하다고 한다. 나만의 생각인가? 남자나 여자나 동양이나 서양이나 여기저기 흘리고 다니는 사람을 변변찮게 생각한다. 여자도 hot 한데 여기저기 흘리고 다니면 볼썽사나운 것과 같은 이치이다.

성적매력이 넘치면서 지조도 있어야 'cute'의 카테고리에 들 자격이 된다. 여자들의 관념이다. 남자들은 좀 다른 듯하다. 여자가 성적매력이 넘치면 일단 'hot'하다고 말한다. 그녀가 여기저기 흘리고 다니는 것을 처음부터 염두에 두지 않는다. 관계 맺으면서부터 '그녀의 행동거지'에 신경을 쓰는 것이 남자들이다. 그냥 '보기에 참 좋더라'가 되면 남자들은 she is hot이란 말이 퍼뜩 나온다.

사람마다 성적매력을 느끼는 곳이 다를 것이다. 남자의 경우, 쭉 빠진 몸매에, 긴 머리칼에, 황홀한 미모에, 손가락에, 귓볼에, 눈을 내리깔 때의 속눈썹에, 당당한 모습 혹은 귀여운 모습에, 수줍어하는 얼굴 혹은 매력적인 얼굴에, 젖가슴 혹은 둔부에, 책을 집중해 읽는 모습 어떤 남자 분이 그랬다, 혹은 음식을 만드는 뒤태에 이것도 어떤 남자분이, 허스키한 혹은 낭랑한 목소리에, 약간 마른 듯한 몸에 프렌치 스타일 혹은 약간 통통한 몸에 섹시룩, 길게 드러난 목선에, 우아한 손놀림에, 요염한 걸음걸이 등에 성적매력을 느낄지도 모르겠다.

여자의 경우는 매우 다양하다. 테니스 선수 같은 몸매나 황홀한 미소뿐 아니라, 청량한 웃음소리, 단정하고 따뜻한 몸가짐, 노타이에 긴팔의 휜드레스 셔츠를 팔에 거둠거둠 걷어 올리고 일에 열중하는 모습, 맥주 마실 때 고개를 젖히는 모습, 사사로이 장난치는 모습, 차문을 열어주는 매너, 먼 곳을 쳐다보는 눈길, 어색할 때 손을 올려 뒤통수를 긁으며 짓는 미소, 약간 거친 모습, 커피잔을 드는 우아한 자태, 갈색구두를 멋들어지게 소화하는 패션 나의 경우다, 담배를 물고 불을 붙이는 모습, 자켓을 벗어 팔에 걸치는 남자다운 모습 등 정말 많다.

사람마다 매혹의 코드는 다르다. 내가 아는 한 남자는 풍성한 올림머리 밑으로 보이는 여자의 뒷덜미가 매력코드라고 말한 적이 있다. 또 어떤 여자 후배는 남자의 작고 탱탱한 엉덩이가 매력적이라고도 했다.

누구나 자신만의 이성에 대한 매혹 코드가 있다. 그 매혹 코드에 걸렸을 때, 남자와 여자는 자신도 모르게 She is hot! , He is cute!라고 말하는 것이다.

○
내겐
너무 예쁜

당신
○

○
　　　　　　연애소설을 쓸 때였다. 친구들, 지인들에게 부끄러움도 없이 그들의 사랑이야기, 연애담, 이성관에 대해 집요하게 묻고 다녔다. 그때는 연애라는 토픽을 좋아하지도 않았고, 글로 쓰고 싶었던 분야도 아니었다. 사실은 생각해 본 적이 없기에 쓸 말도 많이 없었다. 하도 눈을 반짝이며 들으니 이야기를 하는 사람들은 신이 났던 것 같다. 워낙 이야기 듣는 것을 좋아도 했지만 다른 이들의 연애담을 듣지 않고는 소설을 이어갈 수가 없었으니 그렇게 몰두해서 들을 수밖에 없는 상황이었다.

그들은 자신들의 경험담뿐 아니라 여자는 이렇게 남자를 낚아야 하고, 남자는 이렇게 여자를 꼬셔야 하며, 연애의 고수는 이렇게 한다 등등의 연애에 대해 알고 있는 총지식을 좌판에 상품 널려놓듯

줄줄이 끄집어내 이야기를 이어갔다. 그때 가장 많은 소스를 제공한 남자들이 목사님들이다! 친구처럼 지냈기에 묻기도 편했고 일반 목회자의 길을 가지 않았기에 생각의 폭이 유연했던 것 같다. 그중 한 명은 내 연애소설에 중요한 캐릭터로도 등장한다. 독자들에게 가장 매력 있는 캐릭터라고 말을 들었던 마신부다.

소설에 마신부가 성당 행사장 구석에서 부스를 설치하고 사주를 봐주는 장면이 나온다. 실제로 마신부의 모델이 되었던 목사님은 주머니에 항상 연력이 적힌 손바닥만한 사주책자를 넣고 다녔고, 틈만 나면 만나는 사람들의 사주를 봐주었다. 목사님이 말없이 책자를 꺼내면 사람들은 작은 성경책으로 오해하곤 했다. 그는 한국의 천만 인구가 한번 이상 사주를 봤고, 사주에 관심이 있으므로 그들을 하나님의 길로 인도하기 위한 가장 효과적인 방법으로 사주를 봐주는 것이라고 말했다. 목사님들이 풀어내는 연애 고수들의 이야기를 들으며 수없이 눈이 휘둥그레졌고, 뻑하면 입이 바보처럼 벌어졌다.

"여자는 어눌한 데가 있어야 해요. 모든 것이 똑부러지면 정 떨어지지. '내겐 너무 예쁜 당신'이라는 프랑스 영화가 있어요. 남자가 회사 리셉션의 여자와 사랑에 빠지는 거야. 부인은 뛰어난 미인이고 우아하고 교양 있는데다 아이들도 잘 키우지. 한 마디로 너무 완벽한 여잔거야. 반면 리셉션 여자는 못생기고 뚱뚱하고 자기관리도 못하는 미혼모야. 그런데 남편은 그 리셉션 여자에게 끌리는 거야. 왜 그런지 알아요? 남자는 자신의 존재감을 느끼게 하는 여자에게 끌리기 때문이지. 부인은 너무 완벽해서 숨막히는 거예요. 부인 앞에만 서면 나는 왜 자꾸 작아지는가가 되는 거지. 여자들은 그걸 알아야 해요. 어눌하고 덜 떨어진 구석이 있어야 하는 거야. 그런 틈이 있어야 남자가 들어갈 수가 있어요."

"목사님, 그런데요. 세상에 완벽한 여자가 어디 있어요? 누구나 허술하고 틈이 있잖아요."

"최선생님, 그렇지요. 세상에 완벽한 여자도 남자도 없지요. 중요한 것은 남자가 여자의 틈을 알아채느냐는 거지요."

난 그제서야 이해하고는 고개를 크게 끄덕였다. 그날 집에 돌아오자마자 '내겐 너무 예쁜 당신'이란 영화를 인터넷에서 찾아보았다. 베르뜨랑 블리에 감독, 1989년 제작된 프랑스 영화로 원제목은 'Trop Belle Pour Toi', 영어 제목은 'Too beautiful for you.'

제목을 보면서 고개를 갸우뚱했다. 뭔가 어그러진 느낌이 들었는데, 입속으로 '투 뷰티플 포 유, 투 뷰티플 포 유…' 불러보다가 아 하고 깨달은 것은 한국어 제목은 '내겐 너무 예쁜 당신'인데, 영어 제목은 '나는 당신에게 어울리지 않게 너무 예뻐'가 되는 것이었다. 두 제목엔 모두 '나', '너무', '예쁘다', '당신'이 들어가 뜻을 구성하는데, 어순이 달라지며 전혀 다른 뜻이 된다. 한국제목에 훨씬 정감갔다. 그렇게 뜻을 바꿔가면서까지 제목을 왜곡한 것에는 무슨 이유가 있을 것이리라 생각하고 빠르게 줄거리를 읽어내려갔다.

잘 나가는 사업에, 초특급 미인인 아내에, 귀엽고 똑똑한 자녀들에, BMW를 가진 남자 주인공 베르나르 하~~ 작가 베르나르 베르베르와 이름이 같대!는 임시직 개인 비서로 취직한 나이 많고 뚱뚱하고 못생긴 미혼모 꼴레뜨에게 끌린다. 베르나르의 아내 플로랑스는 자신이 얼마나 예쁜지 잘 알고 있으며, 고상하고 도도하다. 이런 완벽한 아내를 두고 베르나르는 기준 미달의 여자와 사랑에 빠지는데. 꼴레뜨 자신도 그런 베르나르를 이해하지 못한다. 꼴레뜨는 베르나르에게 자신을 통해 하녀 ancilla 판타지를 실현하려는 것이 아니냐는 질문을 하기도 하는데…..

'하녀 판타지'라는 말을 읽고는 한참을 생각했다. 심리학에서 쓰는 말 같기도 한대, 처음 들어보는 말이었다. 만약 2010년 개봉한 리메이크 영화 '하녀'를 본 후였다면 '내게 너무 예쁜 당신'엔 남자의 지배욕구 충족이라는 코드가 영화 전편에 흐른다는 것을 알아챘을지도 모른다. 그러나 당시엔 줄거리를 정확히 알지 못했다.

너무 뛰어난 미모의 여자에게 남자들은 이중적 감정을 갖는 듯하다. 선망의 대상인 미모의 여인에게 대부분의 남자는 웬만큼 자신감이 있지 않고는 선뜻 데이트 신청을 하지 못한다. 남자들도 거절당할 두려움을 가지고 있기 때문이다. '용기 있는 자만이 미인을 얻는다'란 말도 그런 맥락일 것이다.

뛰어난 미모의 나의 어머니는 서른둘에 결혼을 했다. 그 당시로는 노처녀의 범주에서도 훌쩍 벗어난 나이였다. 어머니 말에 의하면 미스 코리아 출전이나 모델 제의는 끊이지 않고 들어와도 남자들로부터 데이트 신청은 못받았다고 한다. 당시 노처녀 입장이었던 어머니는 어느날 친오빠처럼 따르던 아버지에게 '집에서 독립할 수 있도록 노처녀이니 집에서 얼마나 골치덩이였을까! 도와달라, 문구점을 내고 싶다'고 한 것이 계기가 되어, 어머니를 짝사랑하며 7년간 오빠로서 곁에 남아있던 아버지가 잽싸게 기회를 포착해 청혼을 한 것이다. 아버지 역시 감히 어머니에게 데이트 신청을 못했고 오빠로라도 어머니곁에 남아 있고자 나이도 6살 많다고 어머니를 속였다-결혼하면서 한 살 차이라는 것이 들통났다.-고 한다. 어머니는 아버지에게 결혼조건으로 어머니 이름의 커피숍을 열어줄 것과 식모-그때는 가사도우미를 식모라고 불렀다.- 두 명을 집에 둬 줄 것을 요청했고, 아버지는 요구를 다 들어주었다. 난 아기때부터 4살까지, 일하는 언니들과 고모 손에 컸다. 지금도 고모가 어머니보다 편하고 좋을 때가 많다.

내가 스무 살이 넘자 어머니는 딸과 여자 대 여자로서 대화를 하기 시작했는데, 그때 아버지가 아니었으면 결혼적령기를 지나치게 넘긴 나이라서 어머니는 평생 결혼 못했을지도 모른다고 고백하신 것을 기억한다.

사람은 누구나 관계에서 자신의 존재감을 느끼고 싶어한다. 남자가 여자와의 관계에서 존재감을 느끼는 방식은 여자가 남자와의 관계에서 존재감을 느끼는 방식과 다른 듯하다. 여자는 남자의 사랑을 느끼고, 혹은 거대한 포용 속에 있을 때 존재감을 느끼거나 모성본능을 느껴 남자를 보살피며 존재감을 느낀다. 남자의 경우는 얼마나 여자를 통제하고 지배할 수 있는가에 의해 자신의 존재감을 느끼는 것은 아닐까? 여자에게 존경을 받을수록 남자에 대한 여자의 의존도가 높을수록 자신의 정복욕구^{다른 말로 존재감}가 만족되는 것은 아닐까? 베르나르가 너무 예쁘고 잘난 아내에게 보다는 못생기고 함량미달인 여비서에게서 자신의 존재감을 느끼는 것처럼 말이다.

목사님의 이야기와 영화 줄거리가 내 주변의 친한 친구들을 떠올리게 했다. 한번은 결혼 5년차 친구에게 부부관계를 묻자, '그냥 밋밋해'라는 말로 돌아왔던 적이 있다. 서른 아홉 늦은 나이에 결혼을 한 친구는 건강하고 예쁜 딸을 한 명 두고 있었고, 남편은 말수가 적고 가정에서나 일터에서나 성실하고 정직한 꽤 괜찮은 사람이었다. 복에 겨워 그런다고 웃자 친구는 진지하게 부부클리닉을 생각하고 있다고 고백했다.

아무리 겉으로 보기엔 좋아보여도 부부관계는 당사자들만이 아는 법이다. 친구는 똑 부러지는 성격에 일처리가 정확하고 자기 분야에서 인정받는 캐리어우먼으로, 생활적인 면에서도 만능이었다. 친구는 어떤 일이 발생하면 해결을 미루는 법이 없었다. 한번은 친구의 형부가 바람을 피자 친구는 형부와 다른 여자가 몰래 살림을 차린 집으로 찾아가 골프채를 휘둘러 물건을 다 박살내고는 언니 일을 해결했을 정도다. 그런 친구에게 술 좋아하고 사람 좋은 신랑의 굼뜬 일처리가 탐탁치않았던 것이다. 신랑에게 늘 조언해야하고, 결국은 답답한 자신이 남편을 제쳐두고 나서서 일처리를 해온 것이다.

똑똑한 아내와 사는 남자들은 부부 사이에서 점점 말이 없어진다. 남편이 입을 열 때마다 아내가 조언을 하거나 가르치려 들기 때문이다. 또 자신이 사라져도 아내는 잘 살 것 같다는 생각을 하면, 아내와의 관계에서 존재감을 느끼기는커녕 점점 그림자 남편이 되어간다.

또 다른 친구는 아직 싱글인데 그다지 예쁜 얼굴은 아니다. 여럿이 모인 모임에 가면 처음엔 거의 주목을 받지 못하는데, 시간이 어느 정도 흐르면 남자들의 주목을 한 몸에 받는다. 한국 남자들의 여자를 가르는 중추적 기준이 '예쁘냐 안예쁘냐'인데 지극히 평범한 외모의 그 친구는 어떻게 남자들에게 인기가 많은 것일까. 그녀의 행동을 주의깊게 관찰해 보기로 했다.

그녀는 애교덩어리였다. 남자들의 말을 정말 귀담아 듣고 별 웃기지도 않는 그들의 유머에 정말 재밌다는 듯 웃었다. 거기다가 수시로 자신이 예쁘다고 말을 하는데, 안예쁜 그녀가 하는 말인데도 그 말이 귀엽고 예뻤으며, 자꾸 듣고 있으니 그녀가 정말 예뻐보이는 것이었다. 애교라고는 약으로 쓰려해도 찾아 볼 수 없는 어머니의 소프트웨어를 그대로 이어받은 나는 그녀의 애교가 부러웠다. 닮고 싶은 외모는 안닮고 꼭 닮지 않으면 하는 것은 기가 막히게 닮는 것은 무슨 섭리인지! 아버지는 어머니에게 여우탈을 뒤집어 쓴 곰탱이라고 불렀다.

농담반 진담반으로 그 교태인지 애교인지 하는 것을 전수 좀 해달라고 했더니, 친구는 어깨를 으쓱하더니 "남의 것 넘보지 말고 네가 가진 것이나 잘해. 그게 배운다고 되는 건지 아니?"라고 말해 한바탕 웃었던 적이 있다.

'Life I.Q'라는 신조어를 만들어 나의 생활지능 지수가 지진아 수준이라고 놀리며 쾌감을 느끼는 나의 파트너도 같은 맥락이 아닐까? 하루에도 네 다섯번은 '너, 정말 라이프 아이큐가 소수점이니? 어떻게 일을 이렇게 처리해? 나없이 할 수 있는게 뭐니?'라는 말을 파트너로부터 듣는다. 초창기에는 바보 취급 받는게 분해서 변명도 하고 대거리를 했는데, 이제는 하도 들어서 그러려니 한다. 심지어는 세뇌를 당했는지 방향감각에 심각한 장애가 있어 길눈이 지나치게 어둡고, 늘 지갑이나 소지품을 잃어 버리며, 멍하니 딴생각에 빠져있어 전철도 거꾸로 타기 일쑤고, 공과금도 제때 못내고, 노동에 대한 댓가도 챙기지 못하니, 내 생활지능 지수가 현저히 떨어진다고 생각하게 된 것이다. 어쩌면 난 뛰어난 미모도 아니고, 실수 투성이라 그나마 남자에게 존재감을 느끼게 하니 그것도 축복이면 축복인게다.

예쁜 여자나 평범한 외모의 여자나 똑부러지는 여자나 허술한 여자나 완벽할 수는 없다. 존재감을 느끼고 싶어하는 남자들에게 자신의 흠결까지 내어주는 것이 여자의 미덕은 아닐까. 여자의 결점을 낱낱이 밝혀 남자가 존재감을 느낀다면 까짓것 다 밝히라 하자. 친한 선배언니가 말했다. "남자를 이기려 하는 여자는 어리석은 거야. 지고 물러서야 궁극적으론 여자가 남자를 지배하는 거란다." 남편에게 하고픈 말을 다하는 언니도 남편이 화가 나면 깨갱 숨죽이고 맛있는 음식을 해서 먹이고는, 화가 풀리면 조목조목 따진다고 한다. 그녀는 참 현명한 여자다.

여자가 슈퍼맨을 원한다면? 유니폼을 사다가 남자에게 입히면 슈퍼맨이 될까? 열심히 근육운동을 하라 닥달해 근육질을 만들어 놓으면 슈퍼맨이 될까? 슈퍼맨은 누군가 도움이 필요할 때 파란 유니폼에 빨간장화 신고 어디선가 바람처럼 나타나는 영웅이다. 누군가 도움이 절실히 필요할 때 말이다.

돈, 여자, 사랑
그리고

다른 남자

물질 사회에서 '돈을 선택하지 않을 권리'에 가장 충실한 사람은 누구인가? 대부분의 사람들은 돈을 많이 벌어 부자가 되고 싶어 한다. 돈과 부자에 대한 욕망은 1차적 욕망인가? 혹은 1차적 욕망을 충족하기 위한 2차적 욕망인가. 진짜 욕망인가? 아님 진짜 욕망을 구현해주는 간접 욕망인가?

공동체 사회에서 '살아가는데 필요한 상품들'을 얻는 방법에 대한 사회적 약속은 물물교환으로부터 화폐로 변해왔다. 만약 스무 명의 사람들이 외딴 섬에 표류하게 된다면 그 공동체에서 생존을 위한 상품을 얻기 위해 그들만의 '화폐' 혹은 교환가치를 벌어야 획득해야 할 것이다. 돈 자체에 원가치가 있는 것은 아니므로 주고 원하는 무엇으로 바꿀 수 있는 잠재적 가능성이 돈의 가치다.

'돈으로 모든 것을 살 수 있지만, 사실 돈으로 가질 수 있는 것은 아무것도 없다'가 맞다. 원욕망으로 잇는 다리의 역할이 돈이기에 돈을 소유하는 것만으로는 욕망충족이 될 수 없는 까닭이다. 화폐가 통용되는 사회에서 사람들은 늘 욕망에 허기질 수밖에 없다. 무엇을 직접적으로 얻는 것에서 화폐라는 건널목으로 1차적 바리케이드가 쳐져 있기 때문이다. 화폐가 통용되는 사회에서 살아가면 점점 진짜 욕망으로부터 멀어질 수밖에 없다.

정신가치의 훼손을 경계하는 관점에서 '돈으로 살 수 없는 것들'이라는 타이틀 하에 추상가치들의 존귀함을 종종 주장한다. 사랑이니 행복이니 가족이니 꿈이니 그런 것들 말이다. 그러나 '돈'을 통하지 않고 할 수 있는 것은 없다라는 것이 암묵적 진리로 통용되는 시공간에서 살아가면서 정신가치의 중요성을 그런 식으로 강조하는 것은 장님 코끼리 다리 더듬는 격과 뭐가 다를까. 정신가치의 중요성을 주장하려면 좀더 선명하고 구체적인 캐치프레이즈가 필요하다. 예를 들어 '여자는 돈을 좋아하지 않는다. 다만 00의 부재에서 선택할 뿐이다.' 정도의.

돈을 선택할 권리가 있는 것처럼, 돈을 선택하지 않을 순정 100%의 권리가 우리에게 있을까? '돈을 선택하지 않을 권리'라 하더라도 돈의 온전한 부재를 선택하는 것이 아니므로, 돈을 선택하는가 아닌가 묻는 것은 불완전한 질문이다. 가치교환수단인 화폐가 없는

'공간'으로 가지 않는 한 말이다. 우주에 뚝 떨어진다면 돈을 선택하지 않을 순정 100%의 권리를 행사할 수도 있겠지만, 인간인 이상 '돈을 선택하지 않을 권리'에서 자유로울 수 있는 사람은 아무도 없다. 그렇다면 돈을 선택하지 않을 권리에 가장 충실할 수 있는 사람은 누구일까.

여자는 돈을 좋아하지 않는다. 다만 선택할 뿐이다?

"여자는 돈을 좋아하지 않아요. 다만 선택할 뿐이지요."
모임의 남자들은 내 말에 코웃음을 쳤다.
"여자가 돈을 좋아하지 않는다고요? 새파랗게 젊은 여자들이 왜 돈 많은 칠팔십대 할방구와 붙어 사는데? 돈을 좋아하는게 아니라면 그것이 사랑인가? 또 드라마들에서 나오는 이야기는 뭐고요?"
"내가 여자라서 아는데요, 드라마는 드라마일 뿐 현실에선 그런 경우는 드물지요. 돈에 대한 트라우마가 있거나, 가족을 돌봐야 하거나, 부모로부터 돈에 대한 잘못된 가치관을 배운 경우가 아니라면, 여자가 돈을 쫓아 남자를 선택하는 경우는 없습니다."
"너무 이상주의 아닌가요? 내 아내는 돈 좋아하든데. 큭큭."
"이왕이면 다홍치마라고 남자가 돈이 많으면 좋겠지만, 사랑하는 사람이 돈이 없다고 해서 돈많은 사람을 선택하지는 않지요. 외려 조건을 따지는 쪽은 여자보다는 남자예요. 예를 들어 남자들은 자신이 결혼할 여자가 여러모로 자신과 자신의 가족과 잘 어울리는지를 보지요. 학력적 가족적 직업적 배경 등을요. 여자들에 비해 훨씬 많이 따지지 않나요? 물론 조건을 따지지 않는 성숙한 순수한? 남자들도 가뭄에 콩나듯 있긴 하지만요. 하지만 대부분의 남자들은 안 따지는 척하면서 눙치듯 따지지요. 만약 부인께서 돈 벌어오라 말씀하셨다면 '더 이상 사랑하지 않으니 돈이나 벌어와라'라는 의미라서 서글퍼하셔야 할 것 같은데요?"
비아냥대는 남자들에게 바짝 약이 올라 독을 품고 쏘아댔다. 말하고 바로 후회했는데, 그들의 말이 얄미워서 흑백논리 비슷하게 몰고 갔기 때문이다. 그래도 여자들은 돈이 없을 때 더 낭만적이고 남자들은 돈이 있을 때 낭만적이 된다는 것은 진실이다.

신데렐라를 꿈꾸는 여자들의 환상 혹은 망상을 들여다보자. 영화 '프리티 우먼'이 나왔을 때, 여자들은 열광했다. 줄리아 로버츠와 리처드 기어라는 흥행배우들이 출연해 멋진 연기를 보여주기도 했고, 창녀에서 우아한 레이디로 변해가는 줄리아 로버츠의 의상도 볼 만했지만 그토록 흥행에 성공한 것은 여자들의 환상을 그대로 재현해 주었기 때문이다. 여자들은 어디선가 백마 탄 왕자가 나타나 고난의 상황에서 자신을 구해주는 것에 대한 끈질긴 환상을 가지고 있다. 현실의 쓴 맛을 본 후에야 비로소 구원은 자신 스스로 하는 것이고 남자를 통해 이루어지지 않는다는 것을 깨닫게 되지만.

대부분의 남자들은 사랑에 빠져도 이성이 죽지 않는다. 그것을 계산적이라고 하는 사람들도 있는데 난 그것이 나쁘다고 보진 않는다. 여자도 남자도 사랑에 빠져 허우적거린다면 '엘비라 마디간'처럼 인적 없는 숲으로 도망쳐 쫄쫄 굶다가 자살하는 수밖에 더 있겠는가.

결혼 한 남자들은 종종 아내들이 돈밖에 모른다고 불평한다. 그렇게 말하는 것은 아내의 사랑이 식었다고 말하는 것과 다를 바 없다. 여자들은 사랑이 지속되는 동안 돈에 눈을 돌리지 않는다. 사랑이 식는 순간, 재빠르게 돈을 선택하는 것이 여자들이다. 결혼 전이나 결혼 후나, 여자가 돈을 밝힌다면 여자가 더 이상 그 남자를 사랑하지 않는다는 증거다. 외려 남자들은 사랑의 시점에서는 계산을 하나 일단 사랑으로 결합된 순간부터는 계산하지 않는 경향이 짙다. 사랑이 식어도 책임을 지려는 속성이 남자에겐 있다.

집단상담은 개인상담과 달리 참여자들간의 역동이 매우 중요하다. 서로서로 지지하고 끌어주는, 멘토와 멘티의 역할을 해야 하므로 초기에 구성원간의 결속력을 제대로 높여 놓지 않고 진행하게 되면 집단상담의 효과는 반감된다. 그래서 집단상담에서 '시작을 여는 이야기'는 중요하다. 참여자들 모두 공감해야 하고, 쏙 빠져들어야 하며, 듣고 나서 감동적이어야 하고, 서로 동지의식을 절절히 느껴야 하기에 '시작을 여는 이야기'의 선정은 매우 까다롭고 고민을 많이 하게 한다.

지금까지 집단상담을 이끌어오면서 여성으로만 구성된 집단상담의 '시작을 여는 이야기' 중 최고는 단연 영화 '디 아더 맨 The other man'다. 베른하르트 슐링크의 원작 '디 아더 맨'을 각색해 만든 2008년 영화 한국엔 2013년 개봉로 리처드 에어가 감독하고 안토니오 반데라스가 아내 리사의 숨겨진 남자 '레이프'로, 리암 니슨이 남편 '피터'로 나온다. 아내 리사는 영화 시작부분에서 '유방암'으로 죽고 실제 영화에선 피터와 레이프가 이야기를 이어간다.

슐링크의 작품들엔 남녀 심리의 미묘한 차이에 깊이 천착해 잔인할 정도로 '있는 그대로 보여주기'의 미덕이 특징인데 '디 아더 맨'도 예외는 아니다. 작가가 남자여서인지 남자심리 묘사에 특히 뛰어나다. 영화는 여자의 복잡한 심리와 단순한 혼외 사랑이란 팩트를 바탕으로 깔고 두 남자의 대결구도로 긴장감을 유지하며 이야기를 전개시킨다. 외면적으로 완벽한 커플인 피터와 리사. 영화 초반 피터와 리사가 레스토랑에서 대화하는 장면에 조금만 주의를 둔다면 리사의 심리를 간파하긴 어렵지 않다.

> 리사_다른 사람과 자고 싶은 생각 없어? 아직 맘에 드는 사람을 못 만났을 수도 있어.
> 피터_없어. 절대 없어. 맹세해.
> 리사_이건 맹세가 아니라 선택의 문제야. 누군가를 만나고 사

랑에 빠지게 되면 기회를 얻게 되는 거지. 그때 선택을 하는
거야.
피터_난 당신을 선택했잖아.
리사_난 당신을 사랑해. 그렇지 않았으면 가버렸을 거야.
피터_가버린다니?
리사_그래, 그냥 갈꺼야. 아무것도 안가지고 맨손으로, 다시
시작하는 거지.

첫 장면은 복선들을 깔고 있다. 리사는 피터를 사랑했지만 행복하지 않다는 것과 다른 남자를 사랑한 이야기가 전개될 것이라-그냥 떠난다와 삶에서 죽음으로의 이행도 포함되는-는 중의적 복선이다. 이 대화에서도 여자는 사랑하면 돈을 선택하지 않는다는 것을 알 수 있다.

리사가 유방암으로 죽자 남편 피터는 리사의 유품을 정리하다 리사의 휴대폰에 녹음된 외간 남자의 목소리를 듣게 되고, 리사의 노트북에 Love라고 라벨붙은 비밀폴더를 발견한다. 피터는 죽은 아내의 비밀폴더를 열기 위해 모든 가능성의 패스워드 아내의 생일, 자기 생일, 딸 생일, 결혼기념일 등를 입력해 보는데도 폴더는 굳게 닫혀 꿈쩍 않는다. 피터는 문득 아내가 죽기 전 가고 싶다고 했던 섬의 이름을 기억해낸다. 마침내 폴더는 마법처럼 열리고 다른 남자와 찍은 다정하고 은

밀한 사진들이 쏟아져 나온다. 사진들 속에서 아내는 남편에게 한 번도 보여준 적 없는 황홀한 미소를 짓고 있다. 피터는 아내가 죽었음에도 불구하고 그 남자를 죽이고 싶을 만큼 불같은 질투를 느낀다. 소프트웨어 회사 임원이었던 피터는 불법으로 레이프의 이메일 계정을 추적해 그가 사는 곳을 알아낸다. 딸의 만류에도 휴가를 내어, 이태리로 레이프를 찾아간다. 레이프가 사는 고급빌라 앞에서 잠복해 있던 피터는 마침내 양복을 멋드러지게 차려입고 문을 나서는 레이프를 보게 되고, 그의 뒤를 몰래 추적한다.

영화를 보면서 느낀 것은 남자들의 독점욕이다. 피터가 단지 죽은 아내 리사에 대한 사랑때문에 이태리까지 날라가 레이프를 추적한다고는 볼 수 없다. 일종의 배신감과 레이프에 대한 경쟁욕구가 피터를 미치게 만든 것으로 보인다. 체스 카페 2층에서 체스를 두게 되어있는 카페까지 따라 들어간 피터는 홀로 체스를 두는 레이프를 관찰하다 레이프에게 접근해 체스를 함께 두게 된다. 레이프는 피터가 리사의 남편인지도 모른 채 자신의 이야기를 시작한다.

"내겐 올 수 없는 그런 여자를 알고 있습니다. 그녀를 본 것은 광장에서였지요. 그녀가 신고 있는 구두를 먼저 봤어요. 눈을 뗄 수 없었지요. 구두에서 종아리, 종아리에서 허벅지 그리곤 그녀가 있었습니다. 난 첫눈에 알았지요. 그녀를 사랑할 수 밖에 없다는 것을요. 말을 걸었을 때, 그녀는 웃었어요. 그녀는 구두 디자이너였습니다. 구두때문에 출장 온 것이라 했어요. 그녀는 바쁘다며 사라졌지요. 난 그녀를 쫓아 다녔어요. 그녀가 맘을 열 때까지 할 수 있는 것은 다했지요. 그리고 그녀가 마침내 마음을 열었을 때, 그녀는 내게로 와 세상에서 가장 특별하고 사랑스러운 여자가 되었습니다."

질투와 분노로 피터는 레이프를 철저하게 망가뜨릴 계획을 세운다. 아내 리사가 쓴 것처럼 가장해 레이프에게 모월 모시 모레스토랑에서 만나자고 메일을 보낸다. 리사는 자신의 죽음을 예감하면서부터 레이프의 메일에 답을 안하고 일방적으로 연락을 끊은 상태다. 레이프는 리사를 만날 기쁨에 들떠서 피터에게 돈을 빌린다. 리사를 만나기로 한 날, 레이프는 멋지게 차려입고 초조하게 기다리는데 구석 테이블에 숨어 앉아 레이프를 보고 있는 피터는 잔인한 미소를 짓는다.

레이프는 고급빌라의 관리인이었다. 피터는 리사가 자기 기준으로는 별볼일 없는 남자인데다, 자기의 사회적 지위와도 비교할 수 없는 레이프와 애정행각을 벌였다는 사실에 더욱 상처를 받는다. 레스토랑이 문을 닫을 때까지 기다리고 있던 레이프에게 피터가 다가가 말을 한다. 리사는 사망했으므로 이 자리에 오지 못할 거라고, 그리고 자신이 리사의 남편이라고. 레이프는 리사가 죽었다는 것에 커다란 충격을 받는다. 그 후 어떻게 죽은 리사를 욕되는 행동을 남편이란 작자가 할 수 있냐고 피터를 벌레 보듯한다. 레이프를 욕되게 하고 망신주려던 피터의 복수는 철저히 실패한다.

마지막 장면은 리사가 죽은 지 1년 되는 추모식이다. 리사의 옛동료들이 모이고 피터와 딸과 사위가 있다. 그리고 레이프가 등장한다. 피터가 초청한 것이다. 레이프는 자작한 추모시를 읽는다. 리사의 구두가 얼마나 고유한 아름다움을 가졌는지에 대한 구두예찬이다. 피터는 자신도 몰랐던 아내의 아름다움을 다른 남자, 레이프를 통해 깨닫고는 레이프의 아내에 대한 사랑을 인정한다. 우리나라에선 불가능해 보이는 일이다.

사실 피터는 부유하고 사회적으로 명성있는 남자로, 레이프는 가난한 배관공 관리인으로 설정한 작가의 장치는 비겁하다. 대조적인 설정으로 독자들을 작가가 의도한, 의식적이든 무의식적이든, '감성'-여자는 자신을 특별하고 고유하게 여기며 자신의 사랑하는 일에 관심을 두는 남자를 사랑한다는-에 편하게 도달하게 만든다. '그럼에도 불구하고'라는 코드를 삽입했기 때문이다. 너무 확연히 대비되는 두 남자의 외물적 조건이 독자로 하여금 작중의도를 보다 용이하게 파악하게 한다.

나라면 두 남자의 외적 조건을 엇비슷하게 만들었을 것 같다. '그럼에도 불구하고 코드'의 사용은 대중적 가치에 편승하는 '쉽고', '너무 드러나서 천박한' 장치다. 즉 레이프가 '가난한 배관공임에도 불구하고'라는 코드로 작품은 단박에 고귀함의 일정부분을 상실하고 대중과 보다 영합하게 된다. 가치선택의 조건들을 늘어놓는 작가의 장치들에서 작가의 성향이 드러난다.

내가 슐링크의 작품을 비판할 수 있는 것은 나 역시 '그럼에도 불구하고'의 코드를 누누이 사용해 왔기 때문이다. -슐링크의 작품과 내 작품이 비교대상이 된다는 말은 물론 아니다-. 그럼에도 불구하고 코드를 쓰지 말아야지 하면서도 쓰게 되는 것은 독자에게 보다 선명하게 드러내주고 싶은 욕심에서 비롯된다. '그럼에도 불구하고 코드'가 없는 '이방인'같은 작품은 사실 독자들이 온전히 이해하기 어려운 부분이 있다.

영화 '디 아더 맨'은 '여자는 무엇으로 사는가?'란 명제에 답을 제시하고 있다. 왜 리사는 자신을 사랑하는 남편을 두고 레이프를 사랑했을까? 죽기 전에 꼭 가보고 싶었던 곳이 남편이 아닌 레이프와 보낸 그 섬이었을까?

레이프의 어떠한 점이 피터와 다른가? 레이프는 리사가 열정을 바치는 일, 즉 구두를 디자인하는 일을 예찬한다. 즉 레이프는 여자의 일을 깊이 존중하고 기꺼이 찬탄할 수 있는 남자다. 반면 피터는 리사의 일에 대해 별다른 생각이 없다. 그저 하나의 직업으로 볼 뿐이다. 또한 피터는 아내 리사의 갈색 머리칼과 갈색 눈동자가 특별하다고 단 한번도 생각해 본 적이 없다. 반면 레이프는 리사를 '세상에서 갈색이 가장 잘 어울리는 여인, 나의 브라운 여인'이라고 부른다. 리사는 피터와 함께 있으면서 수많은 평범한 아내들 중의 한 명이었을 뿐이나, 레이프와 함께 있으면 세상에서 단 한 명 밖에 없는 특별한 여자가 된다.

여성들로만 구성된 집단상담에서 왜 영화 '디 아더 맨'이 '시작을 여는 이야기'로 최고일까. 왜 '디 아더 맨' 이야기만 하면 모든 여성들이 눈이 반짝이며 고개가 바닥에 닿도록 끄덕일까. 여자들이라면 누구나 레이프 같은 남자를 사랑하기 때문이다. 또 누구나 피터 같은 남자에게 불통과 아쉬움을 느끼기 때문이다.

나는 과연 이 땅의 남자남편들이 여자들의 마음을 알까 궁금하다. 남자들이여, 아직도 여자들이 돈을 좋아한다고 착각하시는가? 천만에, 여자는 돈이 아닌 사랑을 좋아한다. 다만 사랑의 부재에서 차선으로 돈을 선택할 뿐이다.

인간의
영원한 본성,

바람

　한 명의 이성과 평생을 사랑한다는 설정은 인간의 본성과 맞지 않다. 결혼제도는 한 명의 이성과 후세를 낳아 인류 종족보존에 기여하고, 사회 안정화를 꾀한다는 이상적인 목적이 있다. 평생 한 사람과 검은 머리 파뿌리 되도록 사랑하고 존경한다는 결혼서약은 이상적인 인간을 전제로 한다. 인간의 충동적인 본성은 더 젊고, 아름답고, 성적으로 매력있는 이성을 추구한다. 혹은 더 이지적이며 대화가 통하는 상대를 원한다. 혹은 자기를 인정하고 배려하는 상대를 원하다.

　결혼은 계약이다. 계약의 쌍방이 끊임없이 성적 매력을 풍기며 대화가 풍부하고, 매번 지적 자극을 주는 것은 아니다. 우리 모두가 인정하는 것처럼 이상과 현실은 부조합이다. 우리가 정의를 외치고 혁명을 꿈꾸는 것도, 사회정의라는 이상이 현실에서 이루어지지 않기 때문이다.

사랑은 추상적 개념이라 하나로 정의될 수 없다. 사랑 안에는 존경과 믿음과 성적 매력과 배려와 애틋함과 열정과 질투와 배타성과 잔혹함과 폭력성이 모두 혼재한다. 사랑하므로 책임진다는 것은 말이 맞지 않다. 책임을 지려는 순간부터 사랑 안에 미묘하게 엉켜있는 성분들 간의 팽팽한 긴장감이 풀어지기 때문이다. 그러나 책임을 지지 않으려는 순간, 카오스에 빠지게 된다. 사랑에서조차 깊은 혼란을 가지며 이상과 현실 사이에서 갈피를 잡지 못한다. 결혼을 통해 사회 안전망 안에 들어가려는 욕구와, 결혼을 하든 안하든 자신의 열정과 본능에 충실하려는 욕구 자체가 충돌한다.

'바람 피운다'는 다른 이성에 이끌려 마음이 들떠 허랑방탕한 짓을 한다는 뜻이다. 바람을 핀다 했을 때, 바람 안에 세 사람이 존재한다. 바람을 핀 당사자와, 바람을 핀 사람의 전 사람과, 바람핀 것에 동조한 뒷사람이다. 바람을 피우다에선 배신과 열정이 주체에 따라 달라진다. 한국어보다 영어가 보다 정확한 뉘앙스를 보일 때가 있는데, 바람을 피다도 그렇다. He/She is cheating on me. Or He/She has an affair with another woman/man. 첫 번째 말은 그가 나를 속였다. 즉 배신을 당했다는 측의 감정적 측면을 강조한 말이다. 이 말엔 주관성과 윤리적 비난을 담고 있다. 두 번째 문장은 보다 객관적 사실을 말하고 있다. 나 아닌 다른 사람과 사랑 행각이 있었다는 말이다. 둘 다 바람을 피운 사람과 시간적으로 먼저 관계가 있었던 측이 하는 말이다. 시간적으로도 먼저이지만 관계가 계속 진행되고 있는 사람을 의미한다. 관계가 먼저 있었는데, 끝이 난 관계라면 속였다든가의 말을 할 이유가 없다. 도덕적 비난의 대상이 되는 사람은 바람을 핀 당사자와 그 당사자와, 시간적으로 후 순위에 있는 사람이다. 여기에서도 후 순위의 사람이 바람핀 사람에게 전 상대자가 있었느냐를 알고 있는가의 여부에 따라 도덕적 비난을 받기도 하고 또 다른 피해자가 되기도 한다.

이것은 철저히 사랑관계에 이성적 판단과 도덕을 결부시켰을 때 펼 수 있는 논리다. 사랑이 가지는 독점성과 배타성으로 나온 말들이다.

그렇다면 바람 핀 사람의 정당성도 있을까? 정당성이 어떤 시스템에 적합한가의 시시비비를 가리자는 뜻이 아니다. 결혼시스템을 적용하는 사회에서는 바람 핀 사람의 시스템적 정당성은 논제 조건에 맞지 않는다.

단 윤리와 시스템적 판단 외적인 전망에서 볼 때, 바람 핀 사람이 '내 열정이 가는 데로 했다.'라고 한다면, 그 사람은 자신의 욕망에 솔직한 사람이지 않을까? 실제적으로 바람 핀 것을 다른 사람의 물건을 강탈한 범죄와 같은 죄로 볼 수 있을까? 이것은 마음이 소유의 대상인가 아닌가를 먼저 생각해 봐야 할 문제이다. 내가 누구를 사랑한다고 해서 그 상대의 몸과 정신을 소유하는 것은 아니다. 인간은 누구나 자신의 몸과 정신을 자신의 뜻대로 할 권리가 있다.

간통죄가 있었던 것은, 사회적 약자인 여성을 보호하고자 국가가 개인의 자유를 침해하는 법이었다. 옛날엔 남자들이 주로 바람을 폈고, 바람을 피고도 양심의 가책을 느끼기는커녕 부인을 냉대하고 더 나쁘게는 내치기까지 했다. 그런 이유로 공권력이 개입해 사회적 약자를 보호하려 한 취지의 법조항이 간통죄다. 간통죄가 쌍벌죄이며 이혼을 전제로 고소할 수 있다는 것을 고려하면, 과연 여자들이 이혼을 감내하고 간통죄로 남편을 처벌하고 싶어 하는지도 생각해 볼 문제다. 실제로 아내들이 홧김에 남편과 상대녀를 간통죄로 고소한 뒤에, 이혼을 전제해야 한다는 것을 알고는 고소를 취하한 경우가 허다했다. 이혼 의사가 없음에도 남편을 혼쭐내줄 요량으로 고소했다가 외려 낭패를 보는 수가 많았다.

외국의 경우 노르웨이는 1972년, 덴마크 1930년, 스웨덴 1937년, 일본 1947년, 옛 서독 1969년, 프랑스가 1975년에 간통죄를 폐지했고, 미국도 10여 개 주를 제외하고 대부분 폐지됐다. 간통죄가 남아있는 나라는 우리나라와 이슬람 국가 등이다. 요즘 우리나라도 간통죄는 위헌이다라며 간통죄 폐지를 주장하고 있다. 간통죄 법조항만을 고려해 본다면 인간의 자유권 즉 성적 자기결정권을 심하게 침해한다.

영화 'When stranger appears'에 이런 에피소드가 나온다. 여자 두 명이 나오는데, 편의상 스칼렛과 마릴린이라고 이름을 붙이고 이야기를 전개하면 다음과 같다. 스칼렛과 마릴린 사이엔 한 남자가 있다. 스칼렛은 다섯 살 딸아이를 데리고 마릴린을 찾아온다. 딸을 데리고 나타난 스칼렛의 심리는 마릴린 네가 아무리 내 남편과 바람났지만, 난 이미 그 남자와 끊을 수 없는 연결고리(딸)가 있으니 그는 언제고 다시 내게 돌아올거라는 심리적 압력을 주며 마릴린을 겁박하는 장면이다.

    스칼렛: 다신 내 남편 근처에 얼쩡대면 가만 두지 않을 거야.
    마릴린: 아이 보는 앞에서 말을 가려 하지.
    스칼렛: 넌, 창녀야.
    마릴린: 넌 이미 접근 금지 명령을 어겼어. 경찰 부르기 전에 떠나.

만약 외국영화가 아니라 옛날 한국영화라면 그 장면은 둘이 머리끄댕이 잡아당기며 싸우고, 딸은 으앙 울음을 터트리는 것으로 변했을지도 모른다.
난 영화를 같이 보던 파트너(남편)에게 물었다.
"왜 스칼렛은 자기 남자가 바람났는데, 마릴린에게 분풀이를 하지?"

"이 바보야, 그걸 몰라 묻니? 자기 남자는 그래도 괜찮은 남자이길 바라는 스칼렛의 마음이지. 자기 남자는 한눈이나 파는 싸구려가 아닌데, 색기 넘치는 마릴린을 만나 어쩔 수 없이 벌어진 일이라고 스스로를 설득하는 거야. 너, 심리학 전공 맞아?"

망치로 머리를 한 대 얻어 맞은 듯 했다. 인도 유학시절 영어가 딸리는 나를 위해 파트너가 심리학 책들을 모두 요약정리해서 가져다 주었다. 졸업했을 때, 학위의 반은 자기꺼라며 빡빡 우겼었다. 학위의 반도 더 줘야 할 것 같았다.

그럼 여자가 바람난 반대 경우는 어떠할까? 남자는 대체로 자기 여자가 다른 남자와 눈이 맞으면 그 남자보단 여자에게 먼저 화살을 돌린다. 그것은 남자들의 자존심이기도 한데, 다른 놈이 자기보다 더 뛰어나서 여자가 고무신을 꺾어 신었다는 것을 인정하기 어렵기 때문이다. 외려 자기 여자가 속물이고 창녀라서 그런 행동을 했다고 믿는게 남자로선 자존심이 덜 상한다. 여자는 사랑을 하면 남자와 자기를 묶어 하나로 파악한다. 즉 사랑하는 남자와 자기를 엮어 하나의 새로운 ego를 형성한다. 그래서 자기 남자를 지키는 것이 자신의 에고를 지키는 것이 된다. 남자가 바람을 필 때는, 상대 여자를 비난하는 것이 자신에게 덜 상처가 된다. 그러나 남자는 사랑하는 여자와 독립적인 인격을 갖는다. 당연히 여자가 바람을 피면 여자를 비난한다.

만약에 내 남자가 바람을 폈다면 과연 이성을 적용해 이렇게 말할 수 있을까?

"당신이 바람을 핀 것은 인간 본성상 일어날 수 있는 일이며, 그런 면에서 열정적이라 말할 수 있으나, 당신의 행위는 나의 당신에 대한 독점권과 배타성을 침해한 것이고, 나를 속였다는 도덕적 비난을 면치는 못할 것이다."

이렇게 말하면 상대가 더 기겁을 할 것 같다. 이 여자가 충격을 받아 맛이 좀 갔구먼 하고.

서양에서는 배우자가 바람을 핀 것을 알게 되면 두말 않고 헤어진다. 타이거 우즈를 봐도 알 수 있다. 다시 프로포즈해서 결혼하더라도 일단은 헤어진다. 남녀관계가 자유로울 것 같지만, 결혼 전까지만이다. 결혼 후엔 모든게 가족중심이다. 청교도적 가치관이 지배하는 사회이기 때문이다. 아무튼 이혼하면 위자료가 엄청나니 바람 한번 잘못폈다 인생 완전 망가지는 수가 있다. 그래도 안맞으면 깨끗이 헤어진다.

한국에선 대체로 관용이 베풀어진다. 내 남자는 개 아니던가 하고 눈감아 주는 것이다. 어쩌면 이혼 후의 보장이 서양보다 덜 되어 있어 그럴 수도 있겠고, 이혼자에 대한 곱지 않은 사회적 시선때문에도 그럴 수 있고, 아이 때문일 수도 있지만, 어쨌든 결혼한 한국여성들은 남자들을 봐준다. 보다 인간의 본성에 너그럽다. 난 그것이 더 인간적인 것 같다.

인간은 누구나 흠결이 있고 실수를 저지른다. 한국여자들은 남편뿐 아니라, 아이들에게도 그렇고, 시댁식구들에게도 그렇다. 내가 아무리 인간의 본성을 들먹이며 떠들어도, 실제 상황이 닥치면 '이 쌍년아~'하고 나갈지 그것은 아무도 모르는 일이다. 어쩌면 방구석에 처박혀 울고 있을지도 모르겠다. 또 어쩌면 개 네 마리를 앞세우고 그녀를 찾아가 네 개의 연결고리를 보여줄지 모르는 일이다. 한국 여자니까.

여자는
샐러드를 좋아하는

육식동물이다

여자를 좀 안다는 남자들은 전희가 여자에게 중요하다고 말한다. 전희는 남자들끼리 모였을 때 남성적 우월성을 과시하기 위해 행하는 빠질 수 없는 주제 중 하나이다. 혹은 여자를 잘 알지 못할지라도 들은 풍월이 있어 전희가 중요하다 생각하는 남자들도 꽤 된다. 전희를 아스팔트의 껌조각처럼 생각하는 남자들은 이 자리에서 빼자.

여자들끼리 대화를 하면 누구나 말할 기회가 주어지는 것과 달리, 남자들이 모이면 꼭 대화를 이끌어가는 사람이 생긴다. 그의 말을 엿들어보자.

"여자들은 말이야, 무드를 잡아 줘야 해. 그냥 막 하는게 아니야. 색동초도 켜고 베드에 장미잎도 뿌리고 좀 해봐라 짜슥아. 영화도 안보냐? 니가 꼴린다고 여자는 시작도 안했는데 덤벼들면 침실의 젠틀맨이 아니지. 네가 원하는 것을 갖기 위해서는 전희가 중요한 거야. 전희! 너희가 전희가 뭔지 아냐? 베드씬만 좋아하지 말고, 짜슥아."
그는 한껏 가슴을 내밀고, 코를 벌름거리며 일장 연설을 하고 있다. 주변의 남자들은 고개를 주억거리거나 개중에는 의자 깊숙이 몸을 파묻고 팔짱을 끼며 속으론 콧방귀를 뀌는 사람도 있을 것이다. 정치이야기를 할 땐 피 터지게 의견을 내다가도 여자이야기로 돌아서면, 꼭 말하는 이와 듣는 이가 명확하게 갈린다. 성에 관해 많이 아는 것이, 그것이 옳든 그르든 간에, 남자들 사이에선 커다란 벼슬이다.

남자들은 전희가 여자에게 어떤 의미인지 알고 있을까? 어쩌면 전희를 안다는 것이 고작 인터코스를 성공리 수행하기 위한 전초전 혹은 포석으로 생각하고 있는 것은 아닐까? 또 어쩌면 여자는 전희에서 만족된다고 생각하는 것은 아닐까? 여자들의 가짜 교성에 사기당하고 있는 것은 아닐까?
여자들에게 전희는 과연 어떤 것일까?

근사한 레스토랑을 가서 음식을 시키면 전체요리가 가장 먼저 나온다. 메인디시 전에 나오는 에피타이저는 '식욕을 돋궈주기 위한 간단한 음식이나 음료'다. 남자와 여자가 스테이크를 먹으러 레스토랑에 갔을 때 전체요리로 샐러드가 나오면 반색을 하는 사람은 여자다. 남자는 샐러드가 나오면 사자가 풀 쳐다보듯 대면대면이다. 먹는 듯 마는 듯 하다 남기거나 여자에게 밀어준다.

전희는 에피타이저이다. 본격적으로 주요리를 먹기 전, 입맛을 돋궈주는 전채요리란 말이다. 여자들은 염소나 소인듯 샐러드를 맛나게 먹는다. 샐러드에 열광하는 여자들은 전희를 좋아하는 경향이 짙다. 샐러드에 집중하는 남자들은 거의 없다. 남자들에게 샐러드는 먹어 주거나 혹은 먹고 나서 괜찮다 말하는 정도다. 샐러드는 여자의 음식이듯, 전희도 여자의 성욕 촉진제다.

전희가 중요한 것은 메인디시를 맛있게 먹기 위해서다. '소'가 아닌 이상, 여자들이 샐러드를 맛있게 먹었다고 해서 스테이크를 맛보지 않고 식사를 끝냈다고 할 수는 없다. 전희가 끝내준다고 해서 당연히 메인디시까지 훌륭한 것은 아니다. 샐러드 없이도 스테이크를 맛있게 먹는 남자들과 다르다고 해서, 여자들이 스테이크를 좋아하지 않는 것은 아니다.

만약 전희만을 떠드는 남자가 있다면, 이것은 여자를 샐러드만 먹는 초식동물로만 알고 있는 것과 다르지 않다. 여자는 염소도, 소도, 토끼도 아니다. 여자는 샐러드를 좋아하는 육식동물이다. 깻잎 먹는 암사자나, 샐러리를 좋아하는 암표범이다. 육식동물의 주식은 살코기다. 종종 남자들은 이것을 잊는다.

섹스에서 메인디시는 남녀 똑같이 '오르가즘'이다. 오르가즘 없는 섹스는 가면 빠진 가면 무도회다. 성기 구조상, 남자가 100배 가까이 오르가즘을 느끼기 쉽다고 한다. 여자는 자신의 신체구조와 각 기관의 용도를 알고 섹스에 적극적으로 참여하지 않는 한, 오르가즘을 느끼기 어렵다. 여자들이 오르가즘을 느끼기 위해서는 인터코스에서 남자의 율동에 적극적으로 자신의 하체를 움직여, 클리토리스에 자극이 가도록 해야 한다. 또는 남자가 손이나 혀로 클리토리스를 자극해주어야 한다.

영화 애마부인에서 여성의 에로티시즘의 표현으로 말을 선정한 것은 여러가지로 의미가 깊다. 말 자체가 역동과 힘, 즉 정력을 상징하는 동물이며, 여성상위와 흡사한 승마포즈는 여자들의 클리토리스를 자극하기 쉬운 자세다. 즉 여자가 오르가즘을 느끼기 쉬운 체위의 형태가 승마포즈다.

침실에서 진정한 젠틀맨이 되고 싶으면 남자는 여자의 오르가즘을 알아야 한다. 불행히도 한국에서는 여자, 남자, 기혼, 미혼, 비혼 모두 합쳐 여자의 오르가즘을 알고 있는 사람들은 많지 않다. 오르가즘을 못느끼는 섹스는 맛을 모르고 먹는 음식과 같다. 맛모르는 음식도 배를 부르게 하고, 오르가즘 없는 섹스도 때만 잘 맞추면 배를 불러오게 한다.

여자 일생에 몇번이나 '배가 불러오는 맛없는 섹스'를 필요로 할까? 요즘 같아선 한 번에서 두 번, 정부 출산 지원 정책에 따라 세 번이 최고치다. 나머지는 맛도 모르면서 결혼이나 애인관계를 유지하기 위해 또는 묵언의 강요에 의해 혹은 그냥 뭣 모르고 하는 경우들이 대부분이다.

전희는 오르가즘을 위한 전초작업이다. 전희로 오르가즘을 느낄 확률은 높아지지만 전희가 오르가즘은 아니다. 전희는 샐러드를 좋아하는 육식암컷을 위한 서비스다. 남자들은 살코기 맛을 못본 여자들의 가짜 신음소리에 속지 말아야 한다. 전희가 전부가 아니라는 것을 알아야 한다.

여자들이여, 샐러드만 먹고 살지 말자. 육식의 즐거움을 모른다면 섹스하지 말자. 스테이크를 내놓지 않고 각종 샐러드만 차려내는 레스토랑은 발을 끊자. 전희에 길들여져 메인을 잊지는 말자.

단언컨대, 남자들이여!

서성이지 마라

나는 편의점 파라솔 밑에 앉아 한가롭게 캔맥주 마시는 것을 좋아한다. 그때 지나는 행인들의 무리를 바라보는 것 또한 하나의 즐거움이다. 남자와 여자가 섞인 무리를 유심히 관찰하다 보면 뜻밖의 것을 알게 되는 경우가 왕왕 있다. 특히 남자 무리 속에 있는 한 여자와 여자 무리 속에 낑긴 한 남자의 경우는 흥미롭다. 이 습관은 '한 남자를 둘러싼 여자의 무리'에 대한 묘한 분위기를 알고 나서부터 생겼다.

여자들은 남자들과 다르게 자신들 무리 속에 있는 한 남자를 두고 위태위태한 동맹을 맺는다. 남자의 행동과 태도에 따라 위태로운 동맹은 지속되기도 하고 순식간에 산산조각 나기도 한다. 여자 무리에 남자 한 명이 끼게 되었을 때 그 남자는 무리 여자들의 관심을 받게 된다. 이런 경우 인기없는 남자란 있을 수가 없다.

중1 때였다. 임용고시를 마치고 갓 부임해온 총각선생님이 있었다. 투박한 경상도 사투리에 수업시간에 중요한 대목을 강조할 때마다 목소리가 한 옥타브 높아지며 여지없이 새된 소리가 났던 지리선생님이다. 지리선생님은 젊고 풋풋했다. 그러나 내가 여대생이 되어 소개팅 자리에 지리선생님이 나왔다면 다시 만나고 싶었을까는 의문이다. 여중고 시절 땐, 총각 선생님에 대한 로망이 있다. 여드름 투성이의 지리선생님은 전교생의 사랑을 한 몸에 받았다. 지리시간이 오면 쉬는 시간에 아이들은 교실 뒤 쪽에 걸린 거울 앞에 달려가서 머리를 단정히 하고 칼라를 바로 세우느라 교실 뒤는 늘 번잡했다.

인기 절정의 지리선생님은 무슨 이유에서인지 나를 예뻐했다. 내가 질문을 하면 선생님은 대학생들 질문보다 수준이 높다고 칭찬했다. 질문이 없으면 나를 일으켜 세워 질문을 하게 하거나, 아이들이 이해하지 못했을 때도 나에게 설명을 하라고 했다. 관심과 예쁨을 받은 나는 총각선생님을 은밀하게 좋아하게 되었다. 어쩌면 전교생이 우러러보는 선생님이어서 더 그런 맘이 생겼는지도.

그러던 어느 날, 선생님에 대한 나의 사랑이 끝이 나는, 아니 적어도 아닌 척해야만 하는 사건이 발생한다. 날씨는 쾌청했고, 교정의 나무들은 날로 푸르러갔던 유월의 어느 날이었다. 종례를 마치고 청소시간에 친구들과 유리창을 닦던 걸레를 서로에게 던지며 장난을 치고 있을 때, 반장이 등 뒤에서 내 어깨를 꾹꾹 찌르며 교실 밖으로 나오라는 눈짓을 했다. 교실 밖 복도로 나가자 반장은 팔짱을 끼고 곱지 않은 시선을 내게 보냈다. 그녀는 다짜고짜 '왜 지리선생님은 반장인 자기가 있는데, 항상 부반장인 나를 지목해 시키냐'고 따졌다. 난 얼굴이 확 달아올라서는 아무 말도 하지 못했다. 반장이 내게 따질 일이 아니라는 것을 알면서도 대꾸를 하지 못했다. 선생님의 편애를 받는 것도 왠지 죄스러웠던 것 같았다.

그때부터 난 지리수업 중에 엉뚱한 질문을 해 좌중을 웃게 만드는 등 수업 분위기를 망치기 시작했다. 지리선생님이 개인적으로 불러서 "너 요즘 왜그러니?"라고 물었을 때도 "뭐가요?"라며 뻔뻔하고 당돌하게 대답을 했다. 속으론 내 마음을 선생님이 알아주길 바랬던 것 같다. 나는 반장에게 당당히 지리선생님을 좋아한다 말도 못했을 뿐더러, 친구들에게 질투의 대상이 되는 것도 두려웠다. 마치 전혀 좋아하지 않는 것처럼 행동을 하다 학년이 바뀌게 된 것이다. 나도 여자지만 여자들 사이의 암투에 휘말리는 것은 무섭다. 그것은 나의 습관이 되어 한 남자를 두고 여러명이 좋아하는 경우가 발생하면 꼭 뒤로 빠진다. 너희끼리 잘해봐 나는 관심없으니 하는 방관자의 입장을 취했지만 결코 관심이 없는 것은 아니었다.

흔히 남자들 사이에서 한 여자는 견뎌도, 여자들 사이의 한 남자는 버티지 못한다고 한다. 여자가 강해서가 아니라 여자들의 질투와 시기와 음모와 음해하는 복잡한 관계망에서 남자가 버티기 어렵기 때문이다. 한 여자를 사이에 둔 남자들의 무리는 대결구도를 벌이다, 막장엔 패배한 쪽이 나가 떨어진다. 과격해 보일 수 있으나 단순하다. 남자들은 여자의 선택에 의해 승자와 패자로 갈린다. 패자가 된 남자들은 순순히 승자를 인정한다. 피를 튀길 수는 있지만 승부를 낸 후엔 깔끔하게 평정된다.

한 남자를 가운데 둔 여자들의 무리는 승자 패자의 이분구도로 가지 않는다. 승자에 대한 패자의 인정이란 것은 아예 존재하지도 않는다. 여자들 무리에서 승자는 남자에 의해 정해지는 것이 아니다. 특히 가운데 끼인 남자가 매력적인데 모호한 태도를 취할 경우 여자들 집단은 치명적이 된다. 나처럼 뒤로 빠져 방관자처럼 굴며 애태우는 여자들도 있을 것이고, 빼앗기 위해 권모술수를 쓰는 여자들도 있을 것이고, 한 명의 승자를 쓰러뜨리기 위해 나머지끼리 단합하는 경우도 있을 것이며, 거짓말도 할 것이고, 경쟁자인 다른 여자들을 모함에 빠뜨리기도 할 것이다. 이와 똑같은 양상을 보이는 남자들의 집단이 하나 있다. 권력을 두고 싸우는 남자들의 집단이다.

여자는 내부에 깊은 터널을 하나씩 가지고 있다. 터널은 어둡고, 어디론가 은밀하게 통하고, 메아리가 울려 정신을 빼놓는다. 한 번 접어들면 다른 쪽 출구가 아닌 곳으로는 절대 빠져나갈 수 없다. 바로 사랑의 터널이다.

여자로서 조언하건대, 남자들이여. 깊고 어두운 터널을 품은 여자들 가운데 끼지 마시라. 터널들 입구에도 서성이지도 마라. 일부 일처제일대일 관계는 여자를 위한 것이 아니라 남자를 위한 제도다. 그러니 여러명 거느릴 꿈도 꾸지 마시라. 까딱 잘못하단 터널에서 길을 잃고 세상의 밝은 빛을 두 번 다시 볼 수 없을 것이니.

결혼을 견디려면 아내에게

키스하라

아인슈타인의 키스에 대한 일화는 유명하다. 상대성이론을 이해하지 못하고 끙끙대는 학생에게 이런 예시를 들었다. '사랑하는 여인과 키스를 하면 3분도 3초처럼 짧게 느끼지만, 난로 위에 손을 얹으면 3초도 3분처럼 긴 것이, 바로 시간의 상대성이다'

아이슈타인의 예시는 키스를 해 본 사람이라면 누구나 무릎을 탁 치며 고개를 끄덕일 것이다. 참 위트 있고 낭만적인 예시가 아닐 수 없다. 아인슈타인의 말을 듣고 학생의 얼굴이 어떻게 변했을지 궁금하다. 학창시절 때 카페 구석에 몰래 숨어 키스를 하는데, 끝나고 보니 8시간이 지났더라는 친구가 있었다. 짓궂은 미소를 짓고 입술 안 부르텄냐며 놀렸던 것을 기억한다.

여자에게 키스는 섹스 위에 있는 '무엇'이다. 아니, 키스는 섹스와 카테고리를 달리한다. 카테고리상 키스가 섹스보다 여자의 심장에 가깝다. 섹스가 남편, 애인이나 섹스 파트너를 모두 포함한 남성 파트너가 속하는 카테고리라면, 키스는 아이가 속하는 카테고리다. 아이를 낳아본 여자는 아이를 남편 우위에 둔다. 남편들에게 미안한 말이지만 사실이다. 배우자를 최우선상에 놓는 것이 맞지 않냐고, 서구사회를 보면 그렇지 않냐고 말할 수도 있다. 한국사회는 서구사회와 문화가 다르다. 한국여자들도 그들과 다를 수밖에 없다. 타국의 문화가 자국에서 꽃을 피우려면 '토착화 과정'을 반드시 거쳐야 한다. 서양문화를 그대로 한국 여성들 때문에 적용할 수도 없지만 어거지로 적용할 경우 아귀가 맞지 않는다.

한국의 여성은 '어머니'로 대표된다. 어머니 즉 자식을 낳아 본 여자의 성을 탐구하지도 않은 채 한국여성의 성을 말할 수는 없다. 남편에 앞서 자식을 먼저 고려하는 한국 여성들 때문에 한국 남자들은 억울하다. 결혼해 아이가 생기면 남편은 단박에 뒤로 밀려난다. 잘못이라도 해서 아내로부터 미운털이 박히면 순위는 아이 뒤가 아니라 개·고양이 뒤로 밀려나기 쉽상이다.

여자에게 키스는 영혼의 섹스를 의미한다. 몸의 섹스를 위한 디딤돌로서의 키스가 남자들의 키스라면, 여자의 키스와 남자의 키스는 늑대와 하이에나를 비교하는 것만큼이나 다르다. 신체의 속살을 어루만지는 스킨십은 섹스와 키스뿐이다. 특히 키스는 맛을 보고, 언어를 구사하는 혀가 관여되어 있다. 불수의근^{不隨意筋: 의지와 관계없이 자율적으로 움직이는 근육} 질과 무근육의 페니스가 만나는 것과 질적으로 다를 수밖에 없다. 혀는 문화적 속살이므로 키스는 은밀하고 지극히 사적인 문화 교류다. 섬세하면서 가장 지독한 애무다. 키스는 단순히 감정적인 행위가 아니다. 사랑하는 사이의 신체행동 중 키스는 가장 언어에 가까운 행위로서 로고스를 품고 있다.

말은 말하는 사람의 정신세계를 대변한다. 말을 하는 입과 혀로 하는 키스 또한 그 사람의 정신세계와 밀접한 관계를 가지고 있다고 볼 수 있다. 키스는 인간의 이성적 행동 중 가장 에로틱하다. 어머니가 될 잠재성을 가진 여성들이 키스를 섹스보다 우위에 놓는 것은 당연하다. 어머니는 로고스이다. '사랑의 어머니'라는 말에서 '사랑'은 감성적 의미이기보단 이성 또는 정치적 의미가 크다. 자기애를 뛰어 넘는 사랑은 본능의 사랑이 아니다. 극히 이성적인 사랑만이 자기애를 뛰어 넘기에 어머니의 사랑이 위대할 수 있는 까닭은 모성이 이성적 사랑이기 때문이다. 키스는 그런 의미에서 종교적 행위에 보다 가깝다.

인도의 『카마수트라』는 고대 인도의 성애론서 중에서 가장 오래된 문헌이다 약 4~5세기경에 바츠야야나가 고대 인도의 인생의 3대 목적이라는 다르마^법·아르타^{실리}·카마^{성애} 중에서 카마를 배우는 목적으로 썼다. 인도에는 섹스를 통해 도에 이르는 밀교들이 있다. 섹스를 구원의 디딤돌로 삼는 것이다. 여기서 섹스는 욕망을 통한 초월의 의미를 지니고 있다. 즉 해탈이다. 반면 키스는 이성을 통한 자기애 극복으로서의 종교적 의미가 강하다.

M. 스캇팩 박사는 '아직도 가야할 길'에서 섹스는 서로의 천국을 열어주는 열쇠라고 했다. 자신의 천국을 맛보기 위해 상대가 열쇠가 되어 문을 따주는 것이 섹스라는 것이다. 상대의 천국을 열기 위해 봉사하는 것이 나의 섹스인데, 상대 역시나 봉사하기에 상대와 나는 시차가 있을 지언정 각자의 천국을 보게 되는 것이다. 그런 면에서 섹스는 둘이 하는 공범 행위지만 각각 독립적 성과를 낸다. 서로의 만족도도 다를뿐더러, 까딱 잘못하면 상대를 착취할 수 있다. 또 섹스를 하면 더 외롭고 허탈한 느낌이 드는 것도 그런 이유에서 비롯되다.

섹스가 서로의 천국을 열어주는 열쇠라면, 키스는 당연 둘의 천국을 이어주는 다리다. 섹스가 둘이 시작해 각자의 천국을 맛보는 극히 개인적이고 이기적 행위라면, 키스는 둘의 천국을 잇는 공동체적 사랑이며 이타적 행위다.

내 안에 일어난 수 천개의 바람소리를 들려주기 위해 입맞춤을 한다는 이영옥의 시가 있다.

> '그대와 눈을 감고 입맞춤을 한다면 그것은 내 안에서 일어난 수천 개의 바람 소리를 들려주기 위해서다. 빛나는 계절 뒤에 때로 몰려오는 너의 허전한 바람을 마중해주는 일이며 빈 가

지에 단 한 잎 남아 바르르 떠는 내 마른 울음에 그대가 귀를 대보는 일이다. 서로의 늑골 사이에서 적막하게 웅성거리고 있던 외로움을 꼼꼼하게 만져주는 일이며 서로의 텅 빈 마음처럼 외골수로 남아 있던 뭉근한 붉은 살점 한 덩이를 기꺼이 내밀어 보는 일이고 혀 밑에 감춰둔 다른 서러움을 기꺼이 맛보는 일이다. 맑은 눈물이 스민 내가 발뒤꿈치를 들고 오래 흔들리고 있었던 그대 뜨거운 삶의 중심부를 가만히 들어 올려주는 일이다.'

이 시를 읽다보면 나도 모르게 스스륵 눈이 감긴다. 눈을 감은 나에게 누군가 와서 내 늑골 사이에서 웅성거리는 외로움을 꼼꼼하게 만져줄 것 같고, 내 혀 밑에 감추어둔 또 다른 서러움을 기꺼이 맛볼 것 같기 때문이다. 여자들은 상대를 이용해 자기것을 취하려는 섹스보다, 자기를 내어주는 로고스적 행위인 키스를 선호한다.

연애시절 연인은 키스를 한다. 남녀 모두 상대에게 내어주고 싶어 한다. 연애시절에조차 남자는 키스를 하며 섹스를 열망할지라도 말이다. 일단 결혼을 하게 되면 일상에서의 키스는 사라진다. 둘의 천국을 잇는 다리는 사라지고 서로의 천국만을 보려는 섹스만 존재한다.

현대사회에선 부부의 갈등이 쉽게 표면화 된다. 갈등의 끝으로 이혼도 발생한다. 이혼이 나쁘다 좋다를 말하는 것이 아니다. 예전에는 대가족제도나 사회적 압력 등, 갈등을 억제하는 요소들이 많았다. 그 갈등을 억누르니 화병이 생겼다. 현재 정신병을 진단하는 세계 공통기준인 DSM-IV에조차 화병이 등재되어 문화관련 증후군으로 정의되고 있을 정도다.

결혼은 태생적 결함이 내재된 제도다. 그래서 결혼은 유지하기 어려운 것이다. 결혼을 유지하기 어려운 이유를 개인에게서 찾아 자책하는 것은 바람직하지 못하다. 오백년이 가고 천년이 지나면 결혼제도가 어떻게 될지는 아무도 모른다. 결혼 주기를 5년으로 정하고, 5년마다 새로운 결혼을 하는 시대가 올지도 모르겠다. 어쩌면 결혼제도가 아예 사라져 버릴지도 모르겠다.

뭐니 뭐니해도 불행한 결혼에서 가장 큰 피해자는 아이들이다. 나는 화목하지 못한 가정에서 자랐다. 아버지는 어머니와 이상理想이 안맞는다는 불만을 평생동안 토로했다. 부모님은 늘 너희들 때문에 같이 산다고 말했지만, 오라비와 나는 그 말이 제일 듣기 싫었다. 중학생이 되었을 때, 홀로 공상을 많이 하던 나는 세상의 모든 아이들이 가정이 아닌 구루 같은 스승들이 운영하는 공동체에서 자라는 상상을 하곤 했다.

태생적 결함의 결혼제도가 온세계를 지배한다. 지금은 누구도 그 지배에서 벗어날 수가 없다. 그렇다면 그 제도를 최대한 효율적으로 만들며 살아가야 한다. 남편이 아내에게 깊고도 은밀한 키스를 하루에 한 번씩만 한다면 어떨까. 누가 자기 아내, 남편에게 매일 키스하고 싶냐 반문할 수 있다. 그런 사람들도 혼외 연애에선 하지 말라 해도 하는 것이 키스다. 마음이 동해야 행동이 나오지 않냐고 말할 수 있다. 행동이 마음을 변화시킬 수도 있다. 심리 테라피 중에 이런 것이 있다. 쥐공포증이 있는 사람에게 처음엔 쥐를 닮은 털뭉치를 10미터 떨어져 휙 지나가게 하고, 사람과 쥐의 간격을 점점 좁혀가며 쥐공포증을 완화시켜 치유하는 방법이다.

일단 키스하자. 가벼운 입맞춤에서 시작해 점점 농밀하고 그윽한 키스를 하자. 남편이 하루에 한 번씩 아내에게 키스하면 최소 애완견 뒤로 순위가 밀려나는 일은 없을 것이다. 아내가 하루에 한 번씩 남편에게 키스하면 남편 위에 군림할 날이 단축되지 않을까 생각하며 미소짓는다.

여체에서
가장 아름다운

부위

일반인 대상의 '부부_{남녀} 의사소통' 강의는 대체로 지역복지 차원에서 지방정부 후원으로 이뤄지기에 청강자들은 대가를 지불하지 않고 듣는다. 사람의 심리라는 것이 '공짜'를 좋아하지만, '공짜'로 얻은 것에 대해선 '대가'를 지불한 것보다 '소중함'과 '애착'이 덜한 법이다. 그렇기에 무료강좌에서 청강자들을 주목시키기는 쉽지 않다. 청중들은 자신이 지불한 대가가 없으므로 강의가 자신이 원하는 주제가 아니라던가 흥미가 떨어지면 곧잘 딴청을 한다. 아무 생각 없이 자리를 채우려 들어온 사람들도 많다. 자연스레 옆사람과 두런두런 이야기하거나, 요즘은 휴대폰으로 메세지를 주고받거나 게임을 하거나 카카오스토리·트위터·페북 등의 SNS를 한다.

학교수업이나 대학강의에서도 별반 다르지 않다. 학생들도 자신이 대가를 지불하지 않았기 때문이다. 부모의 돈으로 등록금을 내니 당연히 지불한만큼 취하려는 마음이 적을 수밖에 없다. 아이들을 탓하려고 하는 말이 아니다.

나는 더하면 더했지 덜하지 않았으니까. 강의를 셀 수도 없이 빼먹은 것은 차치하고라도 한 번은 대학등록금을 다내고 아예 중간고사를 보러 들어가지 않았다. 당시는 짐짓 거창한 고민이었으나 지금 생각하면 젊은 치기요, 귀여운 진지함이다. '나는 무엇으로 살 것인가?, 왜 사는 것일까?'라는 평생을 살아도 풀 수 없는 화두를 스무살에 머리 터지게 고민했고, 부모님의 피땀 흘려 번 돈으로 내준 등록금을 하나도 아까워하지 않고 휴학을 해버렸으니 말이다.

이러니저러니 해도 가장 열성인 청강자들은 '대가를 지불한 중년 가정주부들'이다. 그 부류는 일정 학력 이상이고 육아 등 여타의 이유로 가정에서 머물다 아이들이 엄마의 돌봄을 예전처럼 필요하지 않자 시간적 여유가 생기고 제2의 인생을 준비하는 마음으로 무엇인가를 배우는 사람들이기 때문이다. 일단 지불을 했다는 것은 자신이 강좌를 통해 무엇인가를 얻어갈 것이라는 기대와 욕망이 있고, 오랫동안 배움을 중단했기에 배움에 대한 열망도 넘치며, 결혼과 출산, 육아라는 가족, 사회 책임으로부터 해방된, 그리하여 배움에 몰두가 더 용이한 집단이다.

그런 중년 가정주부들이 청강생들인 경우 강단에 서면 그 열망의 눈망울들로 숨이 턱 막히기도 하는데, 여하튼 그들은 자신들이 지불한 댓가보다 가능한 한 더 가져가려는 욕심들에 강의가 끝나더라도 질문공세가 끊이질 않는다. 내 강의의 2/3 가량은 청중이 중년여성들이다. 강의를 한 번 나가면 지속적으로 해달라 요청을 받는다. 강의 질이 탁월하게 좋아서가 아니라, 강의 내용의 질적 우수함과는 별개로 청강생 평가가 좋게 나오기 때문이다. 청강생들이 강의에서 많이 배웠다고 착각을 하기에 내용이 알차다고 결론을 내는 것이다.

'첫인상의 98%는 오류이니 첫인상을 신뢰하지 말아야 하나, 첫인상으로 98% 호불호가 결정되니 좋은 첫인상을 줄 수 있도록 해야 한다.'

심리학개론에 나오는 말이다. 강의나 연설이나 호객행위나 선거운동 등 집단을 대상으로 하는 모든 것은 '시작을 여는 말'이 첫인상이다. '시작을 여는 말'이 촉발효과를 내느냐 아니냐에 의해 강의 전반이 역동적이고 활기차지는가, 아님 지리멸렬 죽쑤는가가 결정되니, '시작을 여는 말'은 중요하다.

'부부(남녀) 의사소통' 강의에 나가면 '시작을 여는 말'로 잘 쓰는 것이 "여자의 몸에서 가장 아름다운 부위가 어디라고 생각하세요?"다. 잠시 생각할 틈을 두었다가 무작위로 서너명에게 답을 요구한다- 청강생이 어떤 식으로라도 강의에 참여하게 되면, 즉 한 번이라도 답을 요구 받은 사람은 강의 내내 집중하지 않을 수 없다- 당황스럽고 약간은 흥분한 표정으로 각자 생각하는 바를 말한다. 누구는 어눌하게 누구는 똑부러지게.

가장 많이 나오는 답변은 '눈'이고, '얼굴'과 '손'이 그 다음으로 많이 나오고, '젖가슴'이라든가 '다리', '어깨', '긴 머리', '입술' 등이 간간이 나온다.

관계 맺음에서 가장 중요한 것은 무엇일까? 요즘 트렌드처럼 떠들어대는 '소통'이다. 유일하게 '언어'를 가진 종으로써 인간이 소통의 수단으로 가장 많이 쓰이는 것이 '말'이다. 물론 요즘 SNS의 발달로 인스턴트 메세지나 트위터 등 실시간 댓글 대화도 많이 하는 상황이다. '말'과 '글'은 언어를 소유한 인간만이 할 수 있는 소통이다. 물론 '몸의 소통'도 매우 중요하다. 몸의 소통은 극히 은밀한 두 사람만의 대화라는 점에서 비밀스럽고 지독하게 사적이다.

말을 듣기 위해서 귀가 필요하다. 글을 읽으려면 눈이 필요하다 할 수 있지만, 글도 울림이기에 눈으로 보지만 귀로 듣는 것이다.

이런 저런 설명을 하며 신체에서 가장 아름다운 부분은 '귀'라고 하면 청중들은 고개를 크게 끄덕인다.

가장 물리적으로 가깝고 시공적으로도 밀접한 부부 남녀관계는 상대를 위한 단 하나의 거대하고 깊은 귀를 가져야 한다. 부부를 포함한 모든 남녀 관계에서 '서로를 위한 귀'를 갖는 경우는 거의 없다. 외려 그들은 서로를 평가하는 '눈'을 키운다. 그래서 남녀는 외롭다. 서로의 이야기를 들을 수 없는 슬픈 귀머거리의 삶이다.

의사소통 즉 대화엔 3요소가 있다.

1. 화자Sender, 2. 내용Message 3. 수신자Receiver 다. 의사소통, 커뮤니케이션의 프로세스는 화자→암호→메세지→통로→해독→수신자→피드백→화자로 이루어진다. 완벽한 커뮤니케이션이란 '전달되는 메시지가 정확히 화자의 머릿속에서 그려지는 대로 수신자에게 인식되어지는 것'이다.

세상에 완벽한 커뮤니케이션은 존재하지 않는다. 완벽에 가까운 커뮤니케이션이 존재할 수 있고 그것을 추구할 뿐이다. 커뮤니케이션이 완벽할 수 없게 하는 장애요소들엔 '필터링', '선택적 인지', '정보의 과부하', '방어기제', '언어', '커뮤니케이션 공포증' 이라고 커뮤니케이션학에선 말하고 있다.

'필터링'이란 화자가 수신자가 선호하도록 메시지를 조작하는 행위고, '선택적 인지'란 수신자가 자신의 경험, 백그라운드, 필요 등에 의해 전달되는 메세지를 선택적으로 인지하는 행위이며, '정보의 과부화'란 개인이 통제, 사용 가능한 범주 이상의 정보가 쏟아져 들어오는 경우 무시하고 패스하고 잊어버리는 경향을 말한다.

'방어기제'는 자신이 두려움을 느끼는 경우 자동적으로 상호 이해하려는 노력을 하지 않는 경향이고, '언어'는 나이, 학력, 문화적 배경 등이 다른 사람들끼리 같은 용어라도 다른 의미로 사용되는 경우이며, '커뮤니케이션 공포증'은 전체 인구의 5~20%가 앓고 있는 증상이다.

또한 언어로 전해지는 의미는 20% 정도이며 비언어 커뮤니케이션

바디랭귀지이 80%라고 언어학자들은 말한다. 바디랭귀지, Nonverbal Communication은 신체적 거리, 제스처, 아이컨택, 억양, 표정 등에 의해 전달되는 메시지이다. 즉 팔짱을 끼고 있던가 어깨를 들썩이던가, 눈썹을 올리는 행위, 테이블 위에 손가락을 튕기는 행위, 이마를 치는 행동 등이다.

이 외에도 문화간 대화방식의 차이가 있다. 특히 하이 컨텍스트 문화 high context culture 인지 로 컨텍스트 문화 low context culture 인지에 따라 언어화 되는 말의 양이 결정된다. 하이 컨텍스트 문화에선 구체적인 말 이외의 것에 의미가 많은 문화다. 한국은 중국 다음으로 하이 컨텍스트 문화다. 즉 말보다는 표정, 자세, 행간으로 더 많은 말을 한다. 로 컨텍스트 문화의 대표는 독일·스위스 같은 유럽국가다. 이들 나라에서는 '말해지지 않은 것에 대해서는 판단하지 않으려는' 성향이 강하다. 크게는 이렇지만 작게는 동일 문화권에서도 지역문화차가 있다. 제주도식 의사소통, 강원도 방식, 충청도 방식, 경상도 방식, 전라도 방식, 서울 방식이 다르다. 『화성에서 온 남자, 금성에서 온 여자』란 책이 나왔을 정도니 말이다.

또 성별간 대화방식은 어떤가? 남자와 여자는 종종 의사소통의 장애를 겪는다. 남자는 여자가 어떤 문제로 불평하면 문제해결로 접근하는데, 여자가 정작 원하는 것은 자신의 문제를 들어주고 공감과 지지를 해주기 바라는 것뿐이다. 남자들은 대체로 허풍을 떨며 자기 과시가 많은 반면 여자들은 간접적이고 은밀하며 뱀처럼 교활한 구석이 있다. 남자는 여자의 말이 끝이 없다고 불만하고-난 같은 여자지만 이부분에 격하게 공감한다-여자들은 남자가 자기 말을 듣지 않는다고 비난한다. 남자는 미안하다는 것을 자존심이 상하는 일이라 생각하고 여자들에게 미안하다는 것은 사과의 의미 보다 상대방의 감정을 고려해서 그냥 하는 말이다. 물론 모든 남녀 들이 그렇다는 것이 아니고 일반론이다.

이런 총체적 장애를 가진 의사소통이 어려운 것은 당연한 일이다. 그러니 아무리 신체 중 가장 아름다운 부위가 귀라 할지라도 귀가 귀의 역할을 제대로 할 수 있는가는 별개의 문제이다. 특히 사랑하는 남녀관계에서 '장애없이 듣기'란 낙타가 바늘 구멍을 통과하는 것 만큼 어렵다. 초기에 서로 알아가는 과정에서는 잘 알아듣는 것 같지만 관계가 진행함에 따라 복잡다단한 감정이 거대하게 출렁이면 귀를 덮어버릴 뿐 아니라 각자의 환상이 대화를 확장시키고 무한이 뻗어나가게 하는 부분이 있기 때문이다. 이것이 꼭 나쁜 것만은 아니다. 그런 목표 잃은 항해에서 불확실성을 견디는 것 역시 사랑하는 사람들이 견뎌내야 하는 과업 중의 하나다. 가장 힘든 고통 중 하나가 '불확실성을 견디는 것'이다. 어쩌면 세상에서 가장 어려운 일은 '듣기'인지도 모른다. 생명을 생명으로 듣고, 사랑을 사랑으로 듣고, 고통을 고통으로 듣고, 아픔을 아픔으로 듣는 것.

나는 상담 즉 듣는 것이 업이다. 듣는 게 업인데도 잘못 듣기 일쑤다. 너무 잘 들으려고 하는 욕심, 너무 깊이 들으려고 하는 욕망때문이다. 아픔을 아픔으로만 듣고 외로움을 외로움으로만 들으면 될 것을, 아픔 속에 숨은 뭔가가 있겠지 하며 의구를 하고 의심을 하기 때문이다. 너무 잘 들으려는 그 마음은 예쁘지만 그 욕심이 듣기를 교란시킬 수 있다.

사랑은 자신과 상대가 가진 총체적 감정을 아우르는 거대한 에로스다. 늘 기쁘고 행복하고 충만하지만은 않다. 사랑을 하게 되면 내 안의 고통과 회의와 의심과 증오와 고독을 마주해야 하기에 사랑하기 전보다 더 고통스럽고 더 아프고 더 분노하며 더 증오할 수 있다. 마음이 투명해지니 더 선명하게 보이는 것뿐 잘못된 것은 아무것도 없다. 또 가끔 내 안의 그것들이 상대의 모습으로 오기도 한다.

신체중에 가장 아름다운 부분은 귀다. 그럼 귀 중에서 가장 아름다운 귀는 어떤 귀일까?
내 안의 난삽한 감정들이 출렁여 눈을 흐리고 귀를 막아, 환영과 환청속에 있더라도 '미워하는 마음없이 아낌없이 사랑을 주기만 하는 마음'의 귀다.

이웃집
남자를

탐하는 여자

여자가 남편이나 애인, 한 남자만 탐하게 되면 남자는 숨막혀하고 질려한다. 남자들은 퍼스널 스페이스, 사적 공간이 절대적으로 필요하다. 한국은 남자들의 사적 공간이 비교적 자유롭게 허용되는, 더러는 방종되는 사회분위기다. 한국에선 결혼한 남자든 미혼이든 일을 마치고 바로 집에 들어가는 법이 없다. 늘 친구를 만나고 이런 저런 모임을 꾸려 술을 마신다. 외국의 경우 결혼 후엔 철저하게 가족중심 문화다. 인도도 마찬가지여서 친구들 모임을 가지면 일찍 결혼한 친구는 꼭 부부동반으로 참석해 종내 친구의 배우자와도 친구가 된다.

예전에 한 외화를 봤는데 부인들을 속이고 남편들이 밴드를 구성해 매주 몰래 동네 후미진 곳, 버려진 차고에서 만나 연습하고 맥주를 마시며 너무나 즐거워하는 온전히 악동들로 돌아가는 장면이 나온다. 영화 속 남자들이 귀여워 슬며시 미소지었는데, 한편으론 남자들끼리의 놀이문화가 얼마나 그리우면, 이란 생각에 안쓰런 마음이 올라왔다.

그러면 여자들은 어떠한가? 그녀들도 사적 공간이 필요한가? 예외적인 경우를 제외하고는 여자들은 자신의 남자와 모든 것을 공유하고 싶어한다. 젊을수록 그 경향이 강하다. 반면 나이가 들어가면 여자들은 남자들로부터 벗어나 또래 집단끼리 시간을 가지길 바라는데, 아이러니하게도 이 시기가 도래하면 그토록 자유를 갈망하던 남자들이 아내의 치마폭 안에 눌러 앉고 싶어 한다는 것이다.

남녀관계는 여러모로 비애다. 한편 남자로부터 독립된 절대적 시공간이 필요한 나같은 여자들도 있지만, 여자와 모든 것을 같이 하려는 예외적인 남자들도 있다. 그러나 대체로 남자들은 사적 시공간을 여자들은 공동의 시공간을 원한다.

남자의 속성을 이해하는 센스 있는 여자라면 남자의 목줄을 최대한 길게 늘려줄 것이다. 개를 데리고 산책할 때, 목줄을 바투 줄수록 개들은 발광을 한다. 자기에게 허용된 공간을 벗어나고 싶어 목이 죄는 것을 불사하고 발버둥을 치며 나무나 전봇대 쪽으로 헛발질을 한다. 힘이 센 개들은 자신이 가고자 하는 방향으로 주인을 질질 잡아끌어 볼썽 사나운 장면을 연출하기도 한다. 개를 사랑한다는 이유로 혹은 주인 욕심에 목줄을 꽉 그러쥐면 개들의 욕구불만은 점점 커진다. 또 개를 여럿 키워보니 한 마리였을 때보다 두 마리였을 때가, 두 마리였을 때보다 세 마리 네 마리가 되었을 때, 발광수위가 더 높아지더라는 것이다. 남자들이 무리를 짓게 되면 더 발광을 하는 것처럼 말이다.

가두어 발광하는게 어디 개나 남자에게만 해당되는 일일까. 아이들도 마찬가지다. 한국적 상황-남자들의 자유가 비교적 많이 허용된-에선 남자에게서 충족되지 못한 것을 아이들에게 충족하려는 여자들이 발생할 수 밖에 없다. 여자들만을 탓할 일은 아니나 아이를 너무 옥죄는 것은 아이를 미치게 만든다는 것을 명심할 일이다. 부모와 아이는 종종 활과 화살에 비유되는데, 활이 많이 휘면 휠수록 화살은 멀리 날아가는 것이다.

요즘은 자동 목줄기계를 사면 주인과 연결의 끈을 가지되 개들이 자신은 원하는 만큼 움직일 수가 있다. 개들의 활동반경이 주인을 중심으로 반지름 1미터였던 것이 10미터까지 늘어날 수 있다. 끈은 열 배를 늘려준 것이지만 개들이 활개치는 땅은 1×1=3.14에서 10×10= 314가 되니 무려 100배가 넓어지는 것이다. 여자가 10 정도의 아량을 베풀면 남자들은 100이나 되는 만족을 느낀다는 것이다. 활동반경이 넓어진 개는 단박에 평온을 찾는다. 전봇대란 전봇대엔 빠짐없이 달려가 냄새를 맡고 자신보다 힘이 약한 놈의 오줌자국 위로 시원하게 영역 표시를 남기고는, 여유있게 주인을 돌아보며 꼬리를 흔들다 털을 휘날리며 주인에게 뛰어온다. 남자들도 개와 같아서-남자를 비하하는 것이 아니니 오해하시 마시라- 연줄을 놓지 않되, 최대한 멀리 가도록 끈을 풀어 주어야 한다. 바투 쥐고 흔들수록 발광하는 것은 개나 남자나 다르지 않다.

여자는 남자들이 멀리가면 혹여 길을 잃지는 않을까 걱정하고 조바심치는데, 정신이 제대로 박힌 남자들은 훌륭한 품종의 충견과 같아서 절대 주인을 잃어버리지 않는다. 멀리까지 놓아주어야 하는 개와 남자는 특히 품종이 중요하다. 간혹 자기들 좋으라고 자유를 주었는데 어디 가서 엉뚱한 짓하고 있는 경우가 있다. 그런 품종의 남자는 개장수에게 재빠르게 넘겨, 물질적 정신적 투자의 일부라도 회수하고 좋은 품종으로 다시 입양하면 얼마나 좋겠냐마는 남자는 개처럼 처분이 쉽지 않으니 처음부터 신중히 골라야 한다.

남자들도 마찬가지이다. 여자 잘못 만나 인생 종치는 경우가 어디 한 둘인가. 멀쩡하고 괜찮은 남자나 여자가 형편없는 파트너를 만나는 것을 왕왕 본다. 그것은 이미 어떤 이유로든 나쁜 남자여자를 선택하는 패턴화가 고정된 것이니 상담받으시라. 패턴이 바뀌지 않는 한, 다른 사람을 사귀어도 똑같이 형편없는 품종을 고르게 된다.

남자들은 자신만의 사적공간에서 뛰어놀고, 사색한다. 그 공간을 허용하지 않으면 남자들은 괜한 심통을 내며 똥마려운 강아지 마냥 안절부절 못한다.

집에 남편의 방이 있는가? 여유가 있어 드레스룸, 게스트룸은 만들어도 남편 방을 따로 두는 집은 많지 않다. 남자 안의 발광하는 짐승을 잠재우려면 남편에게 자신만의 방을 주어야 한다. 그 방에서 낚시대를 쓰다듬든, 바둑을 두든, 만화책을 보며 킬킬거리든, 골프채를 끌어안든 관여말고, 남자의 프라이버시를 지켜주어야 한다.

남자들이 자신들만의 시간에 빠져있을 때, 여자들은 어떻게 시간을 보내고 있을까? 책을 읽고 문화강좌도 들으며 자기계발도 할 것이고, 영화나 뮤지컬을 보거나 춤이나 악기나 서화를 배우며 취미생활도 할 것이고, 섹스앤더시티에서처럼 친구들과 사교모임도 가질 것이다. 여기까지는 일반적으로 알고 있는 사실이다.

부부상담 혹은 커플상담을 하면 많은 경우 여자들은 외롭다고 토로한다. 직업도 있고 일로 인정도 받고 고급스런 취향의 취미생활도 하고 친구들과 사교도 하는데, 외롭단다. 성향상 외로움을 많이 타는 여자가 있다손 치더라도 외롭다 토로하는 여자들의 비율이 남자보다 훨씬 높은 것을 볼 수 있다.

예전 상담소를 운영할 때, 달마다 상담통계가 나오면 '경향분석'을 했다. 계절마다 혹은 명절이 낀 달의 부부관계의 특징적 경향이 나온다. 그때그때의 세태 분위기는 거짓없이 사적 남녀관계에도 스며들고 영향을 끼친다는 것을 경향분석과 경험을 통해 알게 되었다.

현 한국사회 분위기는 남녀 사적관계에서 여자들을 외롭게 하는 경향이 짙다. 과거 부모세대 때 여자들이 더 외롭지 않았겠는가라는 질문도 받는데, 그땐 거의 모두가 '생계의 위협'에 놓여 있었기에 남자들의 방종한 행동에 여자들이 외롭기도 했겠지만, 보다 중대차한 생존과 연결된 최고의 이슈-먹고 살아남아야 하는-가 목에 칼을 들이대고 있는 형국이어서, 여자 역시 생활전선에 많은 에너지를 쏟아야 했으므로 외로움을 느끼는 것조차 사치스러운 일이었다.

국가 사회안에 소속되어 사는 한, 극히 사적인 관계를 추구할 수는 있더라도, 절대적으로 사적인 관계는 존재하지 않는다. 남녀 관계는 결코 남자와 여자의 관계만을 뜻할 수 없으며, 공적 관계 내에서의 사적 관계의 구성이라는 비애에서 벗어날 수 없다. 현 시대의 여성들은 과거의 여성들보다 더 많이 외롭다.

그런 경우, 난 여자들에게 묻는다. "이웃집 남자를 탐해 본 적이 있으신가요?" 질문을 받은 여자들은 눈이 휘둥그레지며 손사래를 치거나 기막히다는 듯이 웃는다. 심한 부정의 제스처나 당치도 않다는 표정을 지으면서도 그들은 묘하게 관심을 가진다. 그런 그녀들이 귀여워 좀 뜸들이다 본론으로 들어간다. "이웃집 남자를 탐하라는 것이 이웃집 철수 아빠와 정분나라는 것이 아니에요. 또한 이웃집 남편을 살펴 내 남편과 비교 분석하라는 것도 아닙니다."

남자들은 알까? 여자가 이웃집 남자를 의식하면 예뻐진다는 사실을! 털털했던 걸음걸이도 요염해지고 연애시절 수줍고 어여뻤던 모습이 다시 나오게 된다. 눈웃음도 치게 되고, 평소에 기차화통을 삶아 먹은 듯 괄괄했던 목소리도 비음 섞여 간드러지게 변한다.

연애시절, 꽃잎의 이슬만 먹을 것 같았던 여자가 결혼하고 나서 변화되는 모습을 보자. 남자 눈에서 콩깍지가 벗겨질 즈음, 여자가 밥솥 채 끼고 앉아 쩝쩝 소리를 내며 먹거나, 아이들이 남긴 지저분한 밥을 싹싹 긁어 먹고 나서 배를 두드리며 '커억' 소리나게 트림하는 것을 보면 대부분의 남자들은 인상을 찌푸린다-그 모습도 예쁘다 한다면 내가 보건엔 뇌의 어떤 부분에 장애가 온 남자다-. 까치집 머리에 몸빼를 걸치고 철퍼덕 앉아, TV 드라마를 보며 바지 속에 손을 집어 넣어 엉덩이를 긁을 수 있는 것이 여자들이다. 보통 외모에 신경쓰는 여자들도 집에서는 편하게 입을 수 있다.

겨울날 수면바지만큼 따뜻하고 편하게 있을까. 일부러 한두 사이즈 큰 수면 바지를 사서, 배꼽 위까지 추켜입고 헐렁한 티셔츠를 엉덩이까지 내려 입고는 머리칼은 삼순이처럼 질끈 동여매고, 글 씁네 컴퓨터 앞에 앉아 있다가 목이라도 축이러 맥주 가지러^^ 거실을 지나쳐 주방으로 어슬렁 어슬렁 걸어 갈라치면, TV 보고 있던 파트너는 인상을 잔뜩 찌푸리고 혀를 끌끌찬다. 동물원에서 탈출한 곰 한 마리 보듯 하는 것이다.

한번은 어머니 조언에 따라 집에서 화사한 꽃무늬 프린팅 원피스를 입었더니 그것도 시비다. 왜 편히 입지 않냐고, 이상하다는 둥, 변했다는 둥 정말 비위 맞추기 힘들자 그러다 곰탈을 벗고 조금 화사하게 외출할 때면 파트너는 눈을 씩 치켜올리며 볼멘 소리로 툴툴댄다.
"너, 누구 만나? 수상해."

여자는 죽을 때까지 여자이어야 한다. 아이를 낳고 나이를 먹었다고 여자이기를 포기하면 그 순간 여자도 남자도 아닌 제 3의 성이 되어버린다. 남편이나 남자친구들도 내 여자가 다른 남자들에게도 여자라는 것을 알 필요가 있다.

베른하르트 슐링크의 '책 읽어주는 남자'는 10대 소년 미하엘이 길을 가던 중 심한 구토를 일으키고 우연히 이를 지켜 본 30대 성숙한 여자 한나의 도움을 받게 되면서 둘은 스무살 정도의 나이차를 너머 비밀스런 연인이 되면서 전개되는 이야기다. 이 글에서는 크게 두 가지가 아주 인상적이었다.

하나는 개인의 존엄성을 지킬 권리에 관한 것. 여주인공 한나는 자신이 문맹이어서 벌어진 일이라는 것을 숨기고-무죄를 주장하지 않고- 형벌을 받기로 결정하는데 미하엘은 '고작' 문맹이라는 사실이 알려지는 것이 두려워 감옥을 선택하려는 한나를 이해하지 못한다. 그때 미하엘의 아버지는 정의구현이라 하더라도 개인이 수치심으로부터 자신을 지키는, 즉 존엄성을 지킬 권리를 침범할 수는 없다고 말한다. 그 자신을 지키는 방법이 다수의 이해를 얻지 못한다 하더라도.

'그녀는 자신이 무엇을 할 수 있는지를 보여주기 위해서가 아니라 무엇을 할 수 없는지를 감추기 위해서 늘 싸워왔고 또 싸웠다. 그것은 실제로는 힘찬 후퇴일 수밖에 없는 전진과 실제로는 은폐된 패배일 수밖에 없는 승리로 이루어진 삶이었다.'

얼마나 빈번히 정의라는 이름하에 개인들의 존엄성을 짓밟는 공적 행위들이 벌어지고 있는지. 공적 정의구현이라고 해서 개인의 존엄성을 희생시킬 수 있는 것은 아니다. 흔히 공익이라는 미명하에서 사적 존엄성이 무시되고 희생되는 것을 당연시 하는 것을 경계해야 한다.

'죄를 지은 사람들을 손가락으로 가리킨다고 해서 우리가 수치심에서 벗어날 수는 없었다. 그렇지만 우리는 손가락질을 함으로써 적어도 수치심으로 인한 고통을 극복할 수 있었다. 손가락질은 수치심의 수동적인 고통을 에너지와 행동과 공격 심리로 전환시켜 주었다.'

다른 하나는 '여자의 삶에서 '여자이기'는 얼마나 중요한 것인가'에 대한 부분이다. 미하엘은 10년 동안 글을 읽지 못하는 한나에게 자신의 육성으로 책을 녹음한 테이프를을 꾸준히 감옥으로 보낸다. 마침내 한나가 형이 끝나고 석방을 앞두자 미하엘은 두근거리는 마음으로 한나를 찾아간다. 미하엘은 너무 많이 변한 한나의 모습을 보고 놀란다. 자신이 기억하고 있는 말처럼 역동적이고 아름답던 한나는 온데 간데 없고, 뚱뚱하고 미력해 보이는 늙은 여자가 냄새를 풍기고 앉아 있었다. 그래도 미하엘은 한나를 위해 새집을 마련하고 출옥 후의 한나의 삶을 위해 꼼꼼히 준비한다. 석방날 미하엘이 감옥으로 한나를 데리러 갔을 때, 한나는 이미 죽은 후였다. 간수장은 한나를 떠올리며 미하엘에게 감옥에서의 한나의 이야기를 해준다.

> "한나는 다른 여수감자들의 귀감이었어요. 그들의 멘토였지요. 암말처럼 강인하고 아름다웠죠. 그런데 외부로부터 테이프를 받기 시작하고 얼마 후부터 자신을 돌보지 않았어요. 아름답던 모습은 온데간데 없이 사라지고 말았지요."

왜 한나는 미하엘이 오디오북을 보내오고부터 자신을 놓아버렸을까? 난 같은 여자로서 한나의 입장을 절절하게 공감했다. 그 부문을 읽으며 눈물이 멈추지 않았는데 사랑하는 남자를 위해 자신을 포기하는 한나의 마음이 느껴져서 였다.
한나는 더 이상 미하엘에게 여자이어선 안된다고 결정하곤 자신을 놓아버린다. 그리곤 그저 뚱뚱한 늙은 여자가 되어 출옥을 앞둔 하루 전 자살한다. 작가가 남자임에도 이렇듯 여자의 심리를 정확히 알았다는 것이 놀라웠다.

여자이기 전 인간이 되어야 하겠지만, 어떤 이유로든 더 이상 여자이길 포기한 여자는 마음이 아프다. 여자가 가장 인간적일 때는 여자로서 빛나는 모습을 간직할 때이다. 죽을 때까지 여자로서 살아가는 것은 아름답다. 죽을 때까지 남자로서 살아가는 남자들이 경외감을 불러일으키듯이.

그래서 나를 찾은 외로운 여자들에게 말하는 것이다.
"이웃 집 남자를 탐하는 여자는 아름답습니다."

난 슈퍼맨을 원한다

슈퍼맨 류의 영화들은 전형적 영웅주의를 그린다. 자신의 정체를 숨기고 인류나 사랑하는 여자에게 위험한 일이 일어나면 어디선가 파란 유니폼, 빨강 망토, 빨강 부츠를 신고 돌개바람처럼 나타나 사고를 막고 악당을 물리친다.

머리속으론 서구사회의 영웅주의에 인상을 찌푸리지만 슈퍼맨이 등장해 사랑하는 여인을 구해준다는 설정엔 솔깃하다. 슈퍼맨 같은 남자를 만나는 것은 대부분 여성들의 로망일 것이다. 여자들에겐 자신이 위험에 처해 있을 때 바람처럼 나타나 구해주는 '슈퍼 히어로'에 대한 환상이 있다. 그것은 빈천한 처지에 빠진 고운 마음씨의 여사 주인공 앞에 백마 탄 왕자가 나타나길 바라는 마음과도 상통한다.

예전엔 슈퍼 히어로나 백마탄 왕자의 이야기 구도를 좋아하지 않았다. 좋아하지 않을 정도가 아니라 경멸했다. 여자의 주체적이고 독립적인 면을 퇴화시키고 남자에의 종속 혹은 굴종을 종용하는 구도라고 생각했기 때문이다.

세상은 바뀌었고 여자들이 더 이상 남자들에게 종속을 거부하고 가슴에 독립의 깃발을 걸고 거리로 뛰쳐나왔으니 슈퍼맨 류의 영화나 이야기는 이제 그만 나와도 될 법한데, 히어로 영화는 그런 여자들을 조롱하듯 시간이 지나고 세월이 바뀌어도 중단되지 않았다. 외려 더 세련되고 모던하게 변형되어 현대여성들의 입맛에 맞춘 '네오 히어로이즘'을 선보이고 과거 어머니들과 언니들의 굴욕을 잊었다는 듯 모던걸들은 영화관으로 달려간다.

여대를 다녔기에 '여성권리, 성평등 이론과 운동'에 원하든 원치 않든 자연스레 노출되었다. 대학 땐 '여성학회'에 들어 활동을 했고 졸업 후에도 여성인권운동 단체에서 일했다. 자연스레 그들과 어울리며 여성평등과 인간존엄에 대한 생각들이 정립되었.

그 판에 있으면서 겉으로 드러나는 큰 어려움이 있었는데 바로 내 옷차림이었다. 운동판에 조금이라도 발을 들여본 사람들은 단박에 알 것이다. 성구별이 없는 획일된 옷차림이 운동권의 유니폼이라는 것을. 당시 난 아침에 그림을 그리기 시작해 어느 순간 해가 지고 캄캄해진 것을 알아채지 못할 정도로 그림 그리는 것을 좋아했다.

요즘은 못그리지만 2~3년 전까지 내 방엔 이젤이 세워져 있고 구석엔 수백 장의 켄트지가 하얗게 서 있었다. 그림에 대한 열망은 옷을 고르고 입어내는 것으로 삐져나온 듯하다.

인도에서 유학을 마칠즈음 친하게 지냈던 친구 부부에게 그들의 초상화를 그려 선물한 적이 있다. 그들 집엔 지금도 액자에 넣어진 빛바랜 그들의 초상이 걸려있다. 그들을 찾는 친구들마다 그림에 대한 찬사가 있었나 보다. 수잔^{부인}의 오빠가 하도 부러워하며 졸라서 한국에 돌아오기 이삼일 전 급하게 수잔의 오빠 부부도 그려주고 와야 했다. 한국인들에 비해 외국인들은 손수 그리거나 손수 만든 선물에 열광한다. 그러니 내 그림솜씨에 대한 찬사도 있겠지만 누군가 손수 그려준 그림을 선물로 갖고 싶다는 열망도 있었을 것이다. 난 고등학교때까지 교내 사생대회에서 빠지지 않고 상을 탔고, 교외 사생대회가 있을 땐 늘 뽑혀 나갔다. 백일장에서도 늘 상을 탔지만, 글보단 그림 그리는 것을 훨씬 좋아했다. 요즘 부모 같았으면 당연히 미대를 보냈을 것이나, 옛날 분이었던 아버지는 음대미대는 딴따라과라는 뿌리깊은 편견이 있었다. 아버지 반대로 연극영화과를 가려던 오라비도 미대를 꿈꿨던 나도 모두 꿈을 포기해야 했다.

대학 다닐 동안에 아버지의 통제를 강하게 받던 나는 졸업하고 좀 지나서부터 스스로 옷을 고르기 시작하자 물만난 고기가 되었다. 늘 생각하는 것이지만 서구복식은 서구적일 때 한국복식은 한국적

일 때 가장 아름답다. 한국사회에선 더 이상 일상에서 전통복장을 찾아 볼 수가 없다. 이미 복식분야에서의 서구화는 이뤄졌다.

요즘 세대들은 체형도 서구화되어 가는 경향이지만 우리 세대만 해도 서구체형과 많이 달랐다. 그러니 서양복식이 한국인에게 맞기는 어려운 과제였다. 체형뿐인가? 패션은 사회가치관과 개인 가치관을 동시에 반영하는데 한국은 집단주의 사회적 성격이 강해, 개인 가치관의 발현으로서의 의복이라기보단, 유교 전통의 영향이 여성 복식에도 그대로 전해진다. 가장 크게 영향을 미친 것 중 하나가 '파다 만 목선'이다. 서양옷에 한복의 깃선을 가져다 부치면 그것이 어울릴까? 반대로 한복에 서양 목선을 내면 예쁘겠는가? 내가 가슴을 많이 파인 옷을 입는다는 것에 사람들은 놀란다. 보수적인 이들은 한술 더 떠 경악하고 내 뒤, 앞에서 손가락질 한다.

서구복식을 서구식으로 입을 때가 가장 아름답다고 했다. 서양옷이니 나는 가장 서구식으로 입는 것이다. High-neck은 high-neck 대로 low-neck은 low-neck 대로 입어야 멋이 난다. 국가별로 비교하면 미국인들이 가장 옷을 못 입고 프랑스·이태리 사람들은 패셔너블하다. 영국인들은 그들만의 고유한 멋이 있다. 인도에선 아직도 인도 정통복식인 사리, 살와수트가 대세다. 인도 전통복식은 컬러풀하고 화려하고 더운 기후에 적당하다. 미국인들이 패션감각이 없다 하더라도 뉴욕의 뉴욕커들은 나름 패셔너블하다. 내가 보기엔 한국여자들과 일본 여자들이 옷을 젤 못입는 듯하다. 이왕 서구복식이 들어왔으니 동양인의 체형에 맞게 소화하면 되는데, 그들의 옷차림은 소화는커녕 먹다 체한 듯한 느낌이다. 게다가 몰개성이라니! 물론 집단주의 사회이기에 자기 개성에 맞게 입기보다는 타인과 사회의 눈을 먼저 신경쓴다하더라도 획일적 유행이 휩쓰는 거리를 걷다보면 지겹고 권태스럽기 짝이 없다.

아름다움을 추구할 권리를 그런 식으로 방기하는 것에 분노한다. 개성을 살리면 누구나 아름다울 수 있다. 물론 한국남자들의 획일적 미의 기준에도 문제는 있다. 연예인 누가 누가 예쁘네 하는 남자들의 말을 듣고 있노라면 나도 모르게 피식 웃는다-이래서 대부분의 한국남자들이 나를 부담스러워한다. 어떤 남자들은 내가 그 연예인만큼 예쁘지 않아 질투나서 그런다고 말하기도 하는데… 후후후. 그러면 당신 말이 맞소 하고 웃을 수 밖에.- 여자들도 남자 연예인 누구누구를 들먹이지만, 여자들의 그것은 남자들의 기준과는 또 다르다. 여자들의 연예인 선호는 일종의 슈퍼 히어로이즘으로 결국 슈퍼 히어로 캐릭터를 좋아하는 것에 지나지 않는다. 남자들이 모 연예인을 하도 들먹여 누군가 싶어 보면 전형적인 획일 성형 미인이다-물론 모든 남자가 그런 것은 아니지만 대다수가-.그러니 여자들이 성형외과에 가서 연예인 누구처럼 고쳐주세요 말하는 것이 어찌 여자들만의 문제일까.

개성 말살시대에 획일적 미의 숭상은 서글픈 일이 아닐 수 없다. 탐미하는 주의깊은 눈의 부재는 미를 볼 수있는 시야를 점점 줄이게 된다. 우리는 아름다움이 절대적으로 적은 세상에 살고 있다.

어디 옷뿐일까. 그런 집단주의 의식은 주거에도 고스란히 드러난다. 획일적 구조에 똑같은 인테리어의 집들을 보는 것은 답답하고 짜증난다. 그것뿐이랴, 아이들을 교육하는 방식도 획일적이다. 부모세대가 지나치게 타인의 눈에 신경을 쓰고, 주류에서의 일탈을 두려워하고, 남들이 가는 길을 따라가려하니 아이들이 자신만의 꿈을 꿀 수 있을까? 누구나 명문대학-한국학생들은 과가 정해지고 나서 대학을 정하지 않고, 대학을 정하고 난 뒤 점수에 맞는 과를 정해 간다. 그러니 명문대학의 모든 과는 명문과고 비명문대학의 과 모두는 비명문이다.-을 가고 싶어 하고 누구나 고소득 전문직을 하려하니 다양한 문화가 발달할래야 할 수 없는 사회적 토양이다. 말로만 다양성을 떠드는 것은 아닌지 반성할 일이다.

가슴이 깊이 파인 내 옷차림에 '남자를 유혹하려는', '자신의 몸을 과시하려는', '여자의 주체성을 말살하는' 획일적 판단이 내려질 때가 거의 대부분이다. 물론 내 주변의 극소수의 친구들은 '개성있고 멋지다'라고 생각하지만. 특히 그런 판단이 진보라 떠드는 운동판이나 페미니스트들로부터 나올 때면 '운동판의 보수성'에 안타까움을 금할 수 없다. 타인들의 판단과 사회적 압력으로 옷차림을 바꿀 의향은 추호도 없지만, 그런 사회 풍토와 운동권 풍토에 회의가 밀려드는 것을 막을 수 없다.

여권운동, 패미니즘은 진보인가? 그 안의 딱딱하게 굳은 보수성은 없는가?
어차피 무슨무슨 '이즘'이 되는 순간부터 보수화가 시작된다하더라도 진보라는 이름을 앞세워 자신들이 마치 진보의 선두인 것 처럼 처신하며 내부의 보수화를 인지하지 못하는 것은 아닌지.
궁극의 여성해방은 인간의 해방과 맥을 같이 한다. 임시적으로 남자들이 투쟁의 대상이 될 수는 있을지언정, 진행되어가며 인간해방을 위해 남성들과 동지일 수 밖에 없다.

여성들이 미를 추구할 권리까지 말살시키며 진행되는 페미니즘을 경계한다. 여성의 욕망이 교묘히 주입된 사회적 조작이라는 의문과 회의를 잃지 않되, 그런 무차별적인 의문과 회의 역시 회의할 수 있어야 한다. 까딱 잘못하면 자신의 정체성마저 부정하는 오류를 범할 수 있기에 '여성에게 주입된 사회의 조작에 대한 회의'와 '그 회의에 대한 회의'에 주의깊은 안목을 키워야 한다.

난 슈퍼맨을 원한다. 내가 어려움에 처해 있을 때 어디선가 바람처럼 나타나서 구해줄 나만의 영웅을 원하다. 헐리웃의 영웅주의에 대한 비판을 할 수 있으면, 내 안의 여성이 원하는 여성적 욕구-'나만의 슈퍼맨을 가지고 싶다'-에도 정직해야 한다.
어디 여자만 그럴까? 남자들 역시 자신들이 곤궁함에 처했을때 '그레이트 마더' 같은 여자를 원하다. 모든 것을 포용하고 쉼을 제공해 다시 전쟁터로 나갈 수 있도록 충전할 수 있는, 한없이 그리운 위대한 어머니 같은 존재.

'그물에 걸리지 않는 바람처럼. 어떠한 사회적 문화적 정치적 규범과 제약에도 걸리지 않고, 진흙에 더럽혀지지 않는 연꽃처럼. 어떤 주의와 사상에도 물들지 않으며, 무소의 뿔처럼 혼자서 가는 것'에서 진정한 여성 해방이 이루어지지 않겠는가.

PART 3 *LOVE*

세상에
비난받을
사랑은 없다

사랑해서 결혼한다는

거짓말

많은 사람들이 사랑하니까 결혼한다고 말한다. 정말 우리는 사랑하니까 결혼하는 걸까? "왜 결혼하세요?"라는 질문에 "사랑하니까요. 사랑하니까 결혼하죠."라고 말하는 것은 가장 용이하게 본질을 비켜가면서도 가장 많은 사람들을 만족시키는 답변이다. 사회적으로 통용되는 편리하고도 아름다운 거짓말이다. '사랑해서 결혼했다' 라는 명제는 그것의 참 거짓을 떠나, 어차피 치러야 할 통과의례인 결혼에 대한 안도감을 갖게 한다. 사랑이 결혼의 숭고한 목적이라고 가증스럽게 위장한다.

어떤 제도든 보편적으로 사회에 뿌리내리기 위해 최우선적으로 갖추어야 할 요건 혹은 미덕은 '안정성'이다. 제도가 활기가 넘치고 높은 변용 가능성을 내재하고 있으면, 다른 말로 '익사이팅'하면 뿌리내리기 어렵다. 이미 문화인류학·역사학·사회학 등의 분야에서 결혼제도의 발생과 변천과정에 대한 연구결과, 결혼이 사랑의 결과물이 아니라는 것을 밝혀냈다. 결혼은 이해관계의 첨단화된 제도이다. 그럼에도 우리는 '사랑했으므로 결혼했다.'라는 거대한 최면상태를 유지하려고 한다.

결혼의 조건이 사랑이라는 것이 당연시되는 사회 분위기다. 아침 혹은 저녁시간이 올곧이 TV나 온라인에 할애되는 생활패턴에서 매일같이 접하는 매체들은 폭력적으로 이것을 세뇌한다. 매스미디어의 유용성은 선택할 수 있는 사람들에게 적용되는 말이다. 일부에서 TV나 인터넷 사용을 자제하자는 목소리는 그것이 가지는 당위성과는 별개로 더 이상 현실적이지 않은 주장이 되었다. 건강한 식생활을 위해 두 집 걸러 존재하는 마켓을 두고 들로 산으로 나가 사냥을 해서 먹거리를 찾자라는 캠페인만큼이나 허황된 이야기다. 특히 온 지구인의 주된 오락, 드라마에서는 매일같이 주인공들을 바꿔 같은 내용을 이리저리 포장해 내어놓는다. 주인공들이 뛰어넘을 수 없는 장애를 극복하고 마침내 '우린 사랑했으므로 결혼한다'는 해피엔딩을 천편일률적으로 무차별하게 그리고 폭력적으로 내보낸다.

다문화 강의를 나가면 청강생들로부터 빠지지 않고 받는 질문이 있다. 강의 초반부는 주로 결혼 이주여성들의 실태에 대한 내용들로 구성된다. 그들의 결혼루트와 프로세스, 척박한 결혼생활과 가정폭력-사회폭력의 피해자로서 가족-사회적 위상 등이다.

"한국인 남편과 시댁에서 '너를 얼마주고 사왔는데?'라는 말은 외국인 부인들을 팔고 사는 상품으로서 대상화하는 것입니다. 즉 한국에서 이뤄지는 국제결혼은 인신매매의 속성이 있다는 거지요."라는 말을 꺼낼 쯤이면 영락없이 누군가 손을 번쩍 든다.
"그 여자들도 나쁜거 아니예요? 그들이 사랑으로 결혼한 것은 아니잖아요. 그 베트남 여성이, 그 조선족 여인이, 그 캄보디아, 필리핀 여성들이 돈을 보고 결혼한 것 맞잖아요. 그렇게 불순한 의도로 결혼하니까, 파탄나는 것 아닌가요? 외려 한국 남편들이 피해자 아닌가요?"
"여기 계신 분들 중에, 난 정말 조건 하나도 따지지 않고 사랑하나만 보고 결혼했다는 분 계시면 손들어 보시겠어요? 아직 결혼 안하신 분들 중에서 사랑하는 사람이 초등학교도 못나왔다든가, 범죄 전과가 있어도 그런 조건에 개의치 않고 결혼하겠다 하시는 분 계세요?"
이런 역질문을 해야 그제서야 청강생들은 고개를 끄덕인다. 고개는 끄덕여도 여전히 뿌루퉁한 표정이 가시지 않는 경우도 있다.
우리는 결혼하기 위해 조건에 맞는 사람과 사랑에 빠진다. 학력 조건, 집안 조건, 신체 조건, 경제 조건, 종교, 지역 등을 꼼꼼히 맞춰 본다. 모든 조건이 딱 맞아 떨어지는 경우는 없기에 이 조건과 저 조건의 상보관계 등을 이리저리 저울질 한다. 이렇게 하는 것은 나쁘고 그릇된 것이 아니다. 정말 간혹, 벼락맞을 확률로 어떠한 조건도 따지지 않고 사랑에 빠져 결혼할 수 있다. 그런 결혼은 의도가 순수하니까 행복할까? 결혼은 생활이다. 룸메이트를 구한다고 가정하면 생활조건과 가치관이 엇비슷한 사람을 구하는 것이 동거의 성공을 담보하는 길이다. 결혼도 다르지 않다. 외려 이런 저런 조건들을 맞추어 한 결혼이 사랑에 빠져 물불 안가리고 한 결혼보다 순탄할 확률이 높다.

랭킹 5위 안에 드는 가십 중에 '사랑은 Y라는 사람과 하고 결혼은 H와 하더라.'가 있다. 연애와 결혼을 분리한 사람들에 대한 은근한 혹은 노골적인 도덕적 비난이다. 그들이 비난받아야 할까? 그들은 사랑과 결혼이 다른 조건을 가졌다는 것을 직관적으로 혹은 감각적으로 알고 있는 영리한 족속이다. 결혼하기 위해 우리는 은연중에, 무의식, 의식적으로 결혼조건에 걸맞는 범주내의 사람과 사랑에 빠진다. 그리고는 사랑해서 결혼했다고 믿는다. 결혼을 위한 사랑은 '선택하는 사랑'이다. 그럼 '선택이 불가한 사랑'이 있을까? 선택이 나에게 혹은 상대방에게 주어지지 않는 사랑이 있기는 한걸까?

'결혼을 위한' 사랑과 '사랑에 빠진다'의 사랑은 같은 사랑일까?

결혼을 전제로 하지 않을 때, 우리는 결혼을 위한 사랑 조건에서 해방된다. 학력적 조건, 경제적 조건, 문화적 조건, 종교적 조건, 가족 조건들로부터 풀려나와 조건을 따지지 않는 사랑에 빠지게 된다. 결혼을 앞둔 젊은 남녀들이 더 조건을 따져 사랑을 하는 것은 그들 중에서 배우자를 골라야 하기 때문이다. 외려 결혼할 생각이 없는 독신들, 황혼기의 독신들, 기혼자들은 조건을 따지지 않고 사랑에 빠진다.

결혼을 전제하면 사랑을 '하는' 것이고 결혼조건에서 벗어난 상황에서는 사랑에 '빠지는' 것이다. 사랑'한다'는 능동이다. 사랑을 하고 안하고의 결정을 당사자가 한다. 사랑에 '빠진다'는 것은 결정권이 자신에게 없다는 뜻이다. 길 가다 멘홀에 빠질 때 결정하고 빠지지 않는 것처럼 그냥 자기도 모르게 빠진다. 빠져서 허우적댄다. 허우적댈수록 더 깊이 빠진다. '하는' 사랑에선 통제권을 행사할 수 있어도 '빠지는' 사랑에서는 통제권은 당사자에게 있지 않다. 빠지는 사랑은 그래서 위험하다.

'사랑은 매혹이며 가차없는 관계다. 갈망과 탈사회화이며 불가침영역이다. 사랑은 잘못이 없으며 어느 누구도 책임이 없다. 모른 체하며, 그들 각자를 상대방의 내벽에 거주시키는 것이다.' 라고 파스칼 키냐르는 말했다.

빠지는 사랑에는 선택의 여지가 없다. 벼락처럼 눈이 맞는 것이고, 황홀한 파멸이다. 중독되어 당장 죽는다해도 멈출 수 없다. 경계한다고 해서 빠져나갈 수 있는 것도 아니다. 세상의 도덕과 윤리의 반대편에 서있는 것이다. 이것은 시시껄렁한 연애와는 또 다른 것이다. 평생 여러 번일 수도 있고, 한 번일 수도 있고, 한 번도 오지 않을 수도 있다. 신의 축복이고 동시에 저주다. 가꾼다고 자라나는 것도 아니며, 방치한다고 훼손되는 것도 아니다. 인간의 영역에서 일어나는 것이나 신에 속한 것이다. 이것에 다른 이름을 부칠 수가 있을까? 그냥 사랑이다.

세상에
비난 받아 마땅한

사랑은 없다

"그건 사랑이야."
"그게 어떻게 사랑입니까? 이미 한 사람과 사랑서약을 했다면, 다른 여자에게 느끼는 것은 욕망일 뿐이지요."
"사랑은 움직이는 거야."
"만약 그게 사랑이라면 기존의 것을 정리하고 새로 사랑하는 여자에게 가야지요."
"아내와의 관계는 의리야. 아내는 내가 없으면 안된다고 하니까, 짠하고 애잔한거야. 마음 같아서는 아내보고 자기 길을 가라 하고 나는 나의 사랑을 찾아가고 싶어. 그런데 아내는 그게 안되는 사람이지. 그러면 떠날 수가 없는 거야."
"그렇다면 아내에게도 똑같이 적용할 수 있습니까? 아내가 다른 남자를 만나 사랑하는 것도 허용할 수 있다면 그 말을 인정하지요."
"음…그렇지는 않아. 아내에게 남자가 생기면 난 괴롭겠지."
"그렇다면 너무 이기적인거잖아요? 어떻게 자신은 그래도 되고 아내는 그러면 안되는거죠? 그런 이중적인 잣대가 어디 있습니까?"
"사랑에 윤리의 잣대를 가져다 대지마. 자네는 자네의 이상을 말하는 것이고, 현실은 그렇지가 않아. 머리 속 이야기를 하지 말고 자네 이야기를 하게. 이럴 때는 이래야 하고, 저럴 때는 저래야 한다는 그것은 집어치우고."

두 남자의 대화를 들으며 또 한번 느낀 것은 사람마다 사랑을 느끼고 접근하는 방식이 참 다르구나 라는 것이었다. 한 남자는 사랑엔 어떠한 불순물도 끼어들 여지가 없다고 한다. 사랑은 윤리적 잣대나 사회통념적 가치관을 들이대 난도질할 수 있는 것이 아니라고 한다. 사랑은 그 자체로 온전한 것이며 불가침 영역이라고 한다. 다른 한 남자는 사랑엔 근본적인 배타성과 독점성이 있다고 한다. 살아가는 동안 마음이 흔들릴 수는 있지만 그것은 욕망일뿐 사랑이 아니라고 한다. 사랑하는 관계에선 신뢰를 지키는 것이 우선적으로 중요하니 결혼한 사람은 자신의 배우자에게 충실해야 한다고 한다. 사랑에 무슨 잣대를 들이대냐는 말에도 고개가 끄덕여졌고, 일단 한 사람과 결혼 서약을 했으면 무슨 일이 있어도 그 약조를 지켜야 한다는 것에도 수긍했다. 혹은 두 남자와는 다르게 아내와의 사랑도 인정하며 또 다른 여자와의 풋풋한 사랑을 병행하려는 사람도 있을 것이다. 이런 경우 비겁하고 이기적이란 말을 한다. 그런데 누가 누구의 사랑을 예단할 수 있을까. 사랑에 대한 내 가치와 척도가 다르다는 이유로 다른 사람의 사랑을 맞다, 틀리다, 옳다, 그르다 할 수 있을까? 누군가가 틀렸다고 할 때는 그 사람의 경우를 자신에게 대입해보고 내린 판단이거나 혹은 자신은 갈등만 하고 행동하지 못하는 것을 다른 사람이 뻔뻔하고 태연하게 행하는 것에 대한 반발이 생겼기 때문이다. 혹은 자신의 가치판단에 비추어 상대의 처신이 그릇되었다고 보기에 그럴 것이다.

한 친구는 자기 남자가 다른 여자에게 한 눈을 팔았다고 운다. 다른 친구는 자신이 다른 남자에게 흔들린다고 고민한다. 이삼십 대 땐 침을 뿜어가며 조언이랍시고 내가 옳다고 생각하는 것들을 떠들었다. 사십에 들자 말을 단정적으로 하는 것이 어려워졌다. 사랑에 관해서 무엇이 맞고 틀리고가 있을까? 그나마 가장 고려할 것은 친구의 행복이라는 것 정도다. 남자가 한 눈을 팔든 친구가 팔든 그녀는 어떤 식으로든지 상처를 받는다. 상처도 자신이 원하는 상처가 있다는 것을 사십 넘어 알게 되었다.
친구가 그 남자를 잊지 못하면 그 남자와의 사랑을 지속하라고 하고, 그 남자를 떨쳐 내면 세상은 넓고 남자는 많다라고 한다. 친구가 다른 남자를 만나 행복하다면 그렇게 하라 하고, 죄의식 때문에 그 남자를 정리했다고 하면 또 잘했다고 한다. 또 친구가 갈팡질팡

하고 오리무중이면, 내 답변도 갈팡질팡 오락가락이다.

사랑하는 관계에선 상처를 피해갈 수 없다. 피할 수 없는 상처라면 자신이 원하는 상처를 받도록 해야 한다. 자신의 자발적 선택에 의해 겪는 그것이 '자신이 원하는 상처'다. 모든 선택엔 득과 실이 있다. 충족이 있으면 상실이 있고, 사랑을 얻거나 잃어도 각각에 상응하는 상처를 받는다. 상처를 피해가는 선택이란 없다.

친구 일에 대해서는 편파적이다. 아끼는 사람의 편을 무조건적으로 든다. 편을 들다가도 '그건 아닌데.'라는 생각에 궁시렁대기도 하지만 궁극적으로 친구 편을 든다. 친구나 가족이나 어느 누구에게도 이것이 옳고 저것이 그르다라고 말할 수 없다. 힘들고 상처입은 친구가 기댈 어깨가 되어주는 것으로 족하다. 어설프게 나서서 친구의 사랑에 감나라 배내라 했다가는 친구 관계는 단박에 훼손된다. 인간은 스스로 헤쳐나갈 잠재력을 가지고 있다. 스스로 할 수 있는 것을 옆에서 조언입네하고 이러쿵 저러쿵 말을 하게 되면 일이 더 꼬이게 된다.

현실에선 자신이 원하는 대로 삶이 굴러가지 않는다. 한 남자만을 사랑해 평생 그 사람과 알콩달콩 살고 싶은데 그 남자가 한눈을 판다던가 혹은 애인 혹은 남편과 별 문제 없는데도 다른 남자에게 끌리기도 한다. 그것은 순간 지나쳐 가는 것일 수도 있고, 인생 전체를 흔드는 것일 수도 있다. 그런 구차스러운 것이 삶이다. 삶은 고상하지도 교양있지도 고결하지도 않다. 외려 삶은 엉뚱하고 예측불가하고 진탕이며 추악하다. '하필이면'이 지뢰처럼 곳곳에 숨어있다 펑펑 터지는 것이 인생이다.

당신에게 그런 일이 생긴다면 어떻게 할 거냐고 묻는다면.
나는 중년이다. 피부는 점점 쭈굴쭈굴해질 것이고, 시력도 점점 떨어질 것이다. 허리도 점점 꼬부라질 것이고 어느 순간 할머니가 되어 있을 것이다. 우물쭈물하다 내 이럴 줄 알았지 하며 관뚜껑이 열릴지 모른다. 만약 어느 날 내 앞에 벼락 같은 사랑이 온다면 그것을 피해가지는 않을 것 같다. 어떠한 이유로든 그것을 피해가면 언젠가는 후회할 것이기에. 일생에 한 번 일어날까 말까 하는 그 기회를 놓친 것을 억울해 할 것 같다. 가보지 못한 길의 찬란했을지도 모를 가능성을 잃어버렸음에 뒤늦게 목말라 할 것 같다. 그러나 막상 벼락 같은 사랑이 온다하더라도 내 생각대로 될지는 모르겠다.

'파트너가 있는 당신이 벼락 같은 사랑을 만나면 어떠할 것 같아요?'
'당신의 파트너가 어느 날 다른 여자에게 눈길을 돌린다면 어떻게 할 것 같아요?'
이런 질문들이 무슨 소용이 있을까. 재미삼아 묻고 답할 수는 있어도 정답 내듯 질문하고 답할 수는 없다. 그러므로 다른 사람의 사랑이 내가 생각하는 사랑과 다르다 해서 어찌 비난할 수 있을까. 닥쳐서 내가 그 사람보다 덜할지 더할지는 모르는 일이다. 그 누구도 모르는 일이다.

기다림으로 부치는 편지

나는 악필 중 악필이다. 글씨체도 못났지만 사람들이 알아보지를 못한다. 손글씨 쓸 일이 없는 요즘 세상이 나에겐 다행이다. 손편지를 쓰지 않아 다행이다 싶다가도 한 편으론 한 자 한 자 마음을 담아 꾹꾹 눌러 쓴 편지가 그립다. 편지를 부치는 순간부터 답장을 기다리던 시절이 있었다. 편지를 부치고 하루가 지나고 이틀이 지나고, 우편함을 수시로 열어보며 답장이 없음에 실망하고 그리움을 키웠던 시절. 편지를 띄운 그대를 생각하며 마당에 앉아 하염없이 하늘을 바라봤던 그런 시절. 먼 새 울음소리, 마당으로 흘러드는 아카시아 향에 둘러싸여 '나만의 비밀 화원'에서 그리움과 함께 차올랐던 그런 시절이 있다.

한 줄기 바람 불어와 처마 끝에 외로이 달린 풍경을 어루만지며 찰

랑찰랑 울던 물고기의 서러운 몸짓처럼 흔들리는 마음으로 앉아있던 그때. 편지에 대한 이런 애상愛想이 없는 사람은 해 지는 저녁 이름 모를 새가 마당 위를 가로질러 날 때, 무쇠솥 위로 피는 밥냄새는 모를 것 같다. 누군가가 그리워 건넬 수 없는 꽃을 사본 적도 없을 것 같다. 그가 탄 기차가 떠난 후에도 기차역 나무벤치에 하염없이 앉아 신새벽을 맞아 본 일도 없으리라.

편지를 주고받는 그리움을 잃은 요즘, 사람들은 거칠고 현기증이 일 정도로 속도감 있는 사랑만을 한다. 기다림을 모르니 그리움도 얄팍한 사랑이다. 통신기기의 발명으로 산천 구석에서 일어난 일도 실시간으로 알 수 있다. 굳이 경기장을 찾지 않아도 해상도 징그럽게 높은 TV중계로 선수들 땀방울의 비릿내까지 맡을 지경이다.

편지는 사라지고 인스턴트 메시지와 이메일과 전화가 그 자리를 꿰차고 기승을 부린다. 손글씨를 쓸 일이 없어진 요즘 오른손 중지에 편지의 문신처럼 달렸던 진주 같던 굳은 살은 사라졌다. 메시지를 보내느라 엄지의 지문만 닳아졌으리라.

편지를 쓴다는 것은 보내는 사람과 받는 사람 사이에 오직 둘 만의 시간과 공간을 지어올리는 일이다. 그 작고 폐쇄된 은밀한 성엔 그리움과 애탐의 그림들이 걸리고, 초조함과 추억의 음악이 흐르고 사랑의 시가 읊어진다.

편지를 부치고 답장을 받을 때까지의 그 기나긴 시간은 올곧이 '사랑하는 사람에게 바쳐지는 헌정'이다.

그러나 지금 세상에선 우편함이 사랑하는 사람들을 연결짓는 오작교 역할을 더 이상 하지 못한다. 빨갛고 반짝이던 우편함은 빛을 잃은지 오래다. 누구도 가슴 두근거리며 우편함을 열지 않는다. 고지서로만 꽉 채워진 우편함의 심장을 따면서 인상을 찡그릴 뿐이다. 누구는 나의 이런 감상을 올드패션이라고도 한다. 옛것을 아름답게 착각하고 그것에 집착하며 지금 것의 효용을 무시하는 행동이라며. 어쩌면 지금 청소년들이 내 나이가 되면 목소리를 들으며 전화통화를 했던 것에 똑같은 애상을 가질지도 모르겠다. 그때쯤이면 어쩌면 모든 인간의 몸에 칩이 심어지고 굳이 신체 외부기기 없이 통신하게 될지도 모를 일이니까. 그땐 '편지'는 죽은 언어가 되어있을 수도.

내가 대학을 다닐 때인 80년대 말만 하더라도 휴대폰이 없었다. 지금 같아선 상상이나 하겠는가? 휴대폰이 없는 세상이라니! 여대를 다녔기에 남자를 만나는 주 채널은 미팅이었다. 미팅을 하고 나서 마음에 들면 학보를 서로 교환했는데, 그 안엔 숨겨진 편지가 있기도 했다. 집 전화번호도 교환했으나 여전히 주된 통신은 편지였다. 내가 다녔던 법대건물엔 우편함이 맨꼭대기 층인 4층 오른편 구석에 있었다. 강의 중간 중간 쉬는 시간이면 과우편함으로 쪼르르 달려가 자신들에게 온 편지나 학보가 없나 확인하는 여학생들이 꽤 되었다. 열렬한 연애를 했던 한 여학생은 매일 같이 수시로 과 우편함을 체크하는 것이 일과였다.

내가 1층 로비를 가로 질러 갈 때 그 여학생은 4층 난간에서 '누구야. 그 애한테서 편지왔어.' 하며 마치 자기가 편지 받은 양 기뻐하며 부르곤 했다. 어색한 반가움으로 4층에 올라가면 편지를 건네던 그 친구는 짓궂은 표정으로 자기에게도 편지를 보여달라 졸랐다. 우리는 각자에게 온 편지를 돌려 보며, '어머머! 걔가 너 좋아하나 보다.'라고 하곤 깔깔 웃기도 했다. 아주 친한 여자 친구들 사이에서는 연애편지도 서로 공개한다는 것을 남자들은 알까? 4년 동안 여러 아이들과 편지를 주고받았는데, 지금은 한 남자아이만 기억이 난다. 어쩌면 그 아이를 처음 만난 그 미팅의 추억이 강렬해서인지도. 우린 그때 너무 순진했고 쑥맥이었다.

그 아이를 처음 만난 것은 대학에 입학한지 두 달이 되어가는 4월 말쯤이었다. 내가 다니던 법학과는 정원이 120명이나 되어 A반 B반으로 갈라 수업을 들었고, 미팅도 A반 따로 B반 따로 주선이 들어왔다. 그 날, 5시쯤 수업을 끝내고 법대 건물을 나서고 있는데 한 아이가 헐레벌떡 뛰어오더니 미팅 대타를 나가달라고 부탁을 했다. 고대 사학과 아이들과 B반 30명 가량 되는 아이들이 과팅을 한다는 것을 며칠 전부터 알고 있었다. 썩 내키지 않았던 미팅이어서 안나간다 했던 것인데. 이미 채워진 인원 중에 누가 펑크를 냈다며 주선한 아이는 사정사정 했다. 난 얼떨결에 대타로 미팅을 나가게 되었다.

학교 정문에서 나와 왼편으로 꺾어 올라가면 대로변과 평행하게 뻗어나 있는 뒷골목은 알록달록 카페들로 가득차 있었다. 그런데 미팅장소는 굳이 오른편의 어떤 후미진 카페였다. 친구랑 걸어가며 장소를 하필 왜 거기다가 잡았냐고 툴툴 대며 카페에 도착했을 때, 카페입구는 남학생들과 여학생들이 복작댔다. 60명이니 카페 전체를 점령하고도 남을 인원이기도 했다. 여학생들이 먼저 들어가 테이블에 자리를 잡자 남학생들이 따라 들어와 되는 대로 여학생들이 앉은 테이블 건너편에 자리를 잡고 앉았다. 지금 생각하면 쪼그만 것들이 참 귀엽고 웃겼지만, 그 당시 우리는 매우 진지했다. 누가 자기의 파트너가 될지 여학생들은 가슴 콩닥이며 애써 무심한 표정을 지었다. 그런데 미팅을 주선한 남학생이 '이제 앉았으니, 알아서들 하세요.'하고는 자기 테이블 앞자리에 앉은 여학생과 이야기를 하는 것이었다.

그 당시 미팅에선 주로 여자나 남자측의 소지품을 꺼내 놓고 골라 짝을 짓는 방식이 통용될 때다. 여학생들은 뻘쭘했고 황당했고 어찌할 바를 몰랐다. 그러는 와중 다른 테이블에 앉았던 몇몇 과동기들이 기분이 나쁘다며 자리를 털고 나갔다. 그러고 나니 더더군다나 남녀 짝도 안맞게 되었다. 나를 포함한 나머지 여학생들은 어쩔 수 없이 마주 보고 앉은 남학생과 이야기를 하게 되었다. 내 앞에 앉은 남학생은 까무잡잡한 얼굴에 검은 테 안경을 쓰고 있었는데, 목소리가 아이스크림처럼 부드럽고 발음이 좀 부정확했다. 그 아이는 재수를 해서 다른 아이들보다 한 살이 많았는데 그 해에 1지망에 떨어지고 2지망으로 붙었다고 했다. 그쯤에서 주문한 음료들이

각 테이블에 놓여지기 시작했다. 그때는 원두커피가 흔하지 않았던 때다. 카페에서 커피를 시키면 맥스웰이나 맥심 인스턴트 커피를 탄 잔과 프리마와 설탕을 함께 내어왔다. 전형적 다방커피. 테이블에 설탕과 프리마 용기를 상시적으로 구비해 놓는 카페들도 많았다. 이렇게 길게 커피와 커피셋팅을 이야기하는 것은 그것과 관련한 중요한 전환점이 있었기 때문이다. 커피가 서빙되고 커피에 설탕과 프리마를 넣으려고 티스푼을 들 때였다. 그 아이가 나를 저지하더니 자신의 티스푼으로 설탕을 펐다. 그때 그 아이의 티스푼을 든 손만큼 심하게 떠는 손은 지금까지도 본 적이 없다. 그 아이의 손이 덜덜덜 떨리니 설탕용기에서 내 커피잔까지의 두 뼘 되는 거리에 아카시아 꽃길 내듯 설탕이 흩어져 내렸다. 그 아이는 머쓱해져서 여러번을 시도했으나 번번이 꽃길만 더 짙게 낼 뿐 내 커피잔에 도달되는 설탕은 거의 없었다. 내가 눈이 동그래져서 그 아이를 바라보자 뒤통수를 긁으며 어색하게 씨익 웃던 그 아이의 천진한 얼굴에서 갑자기 빛이 났다. 눈이 부실 정도였다. 아마 이것을 눈맞는 순간이라고들 할 것이다. 나중에 미팅에 같이 참석했던 친구에게 그 이야기를 했더니, 그렇게 까만 얼굴이 어떻게 빛이나냐며 깔깔 웃어댔다.

그 아이가 설탕으로 꽃길을 낸 그 시점부터 다른 아이들의 말과 목소리엔 귀머거리가 되었다. 내가 오로지 들을 수 있는 말은 그 아이의 말뿐이었다. 아마도 우리 둘다 그 공간에 마치 그 아이와 나만 있는 듯 이야기를 했고, 아이들이 늦었다고 일어서 나가도 우리는 눈치채지 못했다. 카페 문닫을 시간이 되어 쫓겨난 우리는 카페 앞에 서서도 오래 이야기를 했다. 그 아이는 고등학교 때 문학부원이었다고 했다. 그리고는 자신이 좋아하는 시라며 내게 가만가만 읊어 주었다.

> 내 그대를 생각함은 항상 그대가 앉아 있는 배경에서
> 해가 지고 바람이 부는 일처럼 사소한 일일 것이나
> 언젠가 그대가 한없이 괴로움 속을 헤매일 때에
> 오랫동안 전해오던 그 사소함으로 그대를 불러보리라.
> 진실로 진실로 내가 그대를 사랑하는 까닭은
> 내 나의 사랑을 한없이 잇닿은
> 그 기다림으로 바꾸어버린데 있었다.
> 밤이 들면서 골짜기엔 눈이 퍼붓기 시작했다.
> 내 사랑도 어디쯤에서 반드시 그칠 것을 믿는다.
> 다만 그때 내 기다림의 자세를 생각하는 것뿐이다.
> 그 동안에 눈이 그치고 꽃이 피어나고
> 낙엽이 떨어지고 또 눈이 퍼붓고 할 것을 믿는다.

나는 모르는 시였다. 그저 그 아이의 낮고 부드러운 목소리가 음율을 타고 흘러나오는 것이 좋았던 것 같다. 카페에서 나와 아이들이

뿔뿔이 흩어질 때, 그 아이와 나만 어쩔 줄 모르고 서 있었다. 그 아이가 어렵게 입을 떼어 자기 학교 축제 파트너로 와달라고, 꼭 와주면 좋겠다고 말했다. 60명, 30쌍 가까운 커플 중 들 중 그 아이와 나만 서로 마음에 들었던 것이다. 미팅할 때 바로 내 옆에 앉았던 친한 친구가 그 아이를 그토록 좋아하지만 않았어도, 그 아인 내 첫사랑이 되었을 것이다. 설탕을 흘리며 꽃길을 내던 그 모습을 나만 본 것은 아니었던 게다. 그래도 우리는 간간이 만나고 많은 편지를 주고받았다. 그 아이가 보내 온 첫 편지에 황동규의 즐거운 편지가 초록잉크로 적혀있었다.

> 내 사랑이 어디쯤에서 그쳐도 그때 내 기다림의 자세를 생각하게 해주는 것이 편지다. 그대가 한없이 괴로울 때, 오랫동안 전해 오던 그 사소함으로 그대를 부르는 것이 편지다.

지금까지도 그 아이의 떨리는 손이 설탕을 흘려 테이블 위로 내던 하얀 꽃길을 잊지 못한다. 그때 이후로, 난 누군가와 지극히 은밀하고, 지독히 사적인 편지를 주고받는 꿈을 갖게 되었다.

아름다운 모순, 질투

'질투'라고 조용히 입안에서 불러보면 모난 것이 데굴데굴 구르며 입천장, 혀를 쿡쿡 찌르는 듯하다. '사랑'이라고 부르면 매끈한 구슬이 입안을 또로로 구르며 달콤한 소리를 내는 것과는 다르게.

거칠고 투박하고 울퉁불퉁한 질투는 홀대받는 감정 중의 하나이다. 특히 사랑과 결부된 질투는 대부분의 사람들이 고개를 절레절레 흔들어댈만큼 짜증나고 숨막히며 지긋지긋해 한다. 질투의 속성은 '교양'보다는 '야만'에, '달콤함'보다는 '신맛'에, '맨질맨질함' 보다는 '울퉁불퉁함'에, '기쁨'보다는 '분노'에, '열림'보다는 '닫힘'에 가깝다. 이런 속성으로 질투는 추악하고 저급한 감정이며 사랑을 파괴하는 것이라 여겨져 경계의 대상이 되어왔다. 과거엔 부부의 예를 규정하기 위해 하지 말아야 할 소극적 규범인 '칠거지악' 안에 '질투와 시기'가 있었다. 질투와 시기로 소박맞는 경우도 많았을 것이다.

"요즘 가슴이 벌렁벌렁하고 몸이 붕 뜬 것 같아예. 종종 뜬금 없이 얼굴이 붉어지고예. 친구들이 니 왜 그카노? 정신나갔나? 그리 말해예."
질문한 사람은 자기의 감정에 혼란을 느끼고 있었다. 사랑의 감정은 '광기'와 비슷해 정상적인 상태와는 사뭇 다른 반응들이 나온다. 20년도 더 전, 대학 때 친구 한 명이 사랑에 빠지고 사랑을 온전히 겪는 과정을 곁에서 지켜본 일이 있다. 젊음의 풋풋함으로 예쁜 것 빼고는 이목구비의 조화가 뛰어나거나 딱히 미인이라 불릴 아우라가 있는 것도 아니었는데, 사랑을 하면서 그녀의 얼굴에서 빛이 나고 반짝반짝 광이 나기 시작했다. 멀리서 그 친구가 걸어오면 머리 뒤에 달이 하나 떠 그 아이만을 비추는 듯했다.

'사랑을 하면 예뻐진다'라는 옛 말이 틀린 말은 아니었다. 질문을 한 그녀도 볼양쪽으로 홍조가 돌며 반짝반짝 빛이 났다. 흔들리는 눈빛, 머리 뒤의 후광, 영락없이 사랑에 빠진 얼굴이었다. 그녀는 전엔 고요한 성정에 차분하고 말 수가 적은 성격이었다고 했다. 얘기는 자연스레 그녀의 주변인들로 확장되고 그녀는 남자 직장동료 이야기를 드문드문 하기 시작했다. 그녀는 다정하고 진중한 성격의 그 남자와, 데이트는 아니고 두어번 점심식사를 같이 했다. 그가 웃을 때 얼굴에서 빛이 나서 눈을 어디다 둘지 몰라 할 때, 그가 벌떡 일어나 뒤에 난 창의 블라인드를 내려 주었다며 그녀는 얼굴을 붉혔다. 그런데 그 남자는 직장의 다른 여자직원들에게도 똑같이 친절하고 늘 웃는 얼굴로 다정하게 대했는데, 그럴 때마다 심장이 벌렁벌렁 뛰며 얼굴로 피가 솟구치고 상대여자들이 미워졌다고 했다. 난 그녀가 귀여워 슬며시 미소지었다.

"질투하시는 군요."

"제가예? 아니라예! 어무이가 질투는 아주 못된 거라 했지예. 저는 그런 거 안해예."

질투는 사랑으로 생기는 부속 감정이다. 빛이 있으면 어둠이 생기듯 자연스러운 감정이다. 질투를 나쁜 것, 하지 말아야 하는 것이라 교육 받고 자라온 우리는 질투의 아름다운 측면을 종종 간과한다. 아이가 자라면 몸만 커지는 것이 아니라 팔다리가 함께 자라듯, 질투는 사랑과 동시에 발생하며 사랑이 커질수록 자란다. 질투는 애틋하고 어여쁜 감정이다. 형제가 여럿이면 어머니의 사랑을 더 받으려고 서로 경쟁하고, 한 명이 사랑을 더 받는 듯하면 그 형이나 동생을 다른 형제들이 질투하고 못살게 군다. 그렇듯 질투는 사랑에 의해 발현되는 자연스런 감정이다. 만약 질투를 한다고 타박한다면 그 사람은 사랑을 잘 모르거나 사랑을 이기적으로 다루는 사람이다.

질투는 이성간 뿐 아니라 동성간에도 혈연간에도 이웃간에도 발생한다. 질투는 소유욕과 연관되어 있기에 딱히 사람만을 대상으로 하지 않는다. 누군가를 좋아하면 상대의 가족과 친구들, 일, 상대의 취미생활, 상대의 반려동물에게까지도 질투가 날 수 있다. 일에 지나치게 시간을 많이 쏟아도 질투나고, 반려견과 시간을 많이 보내도 질투나고, 친구들과 즐겁게 보내도 질투난다.

뭐니 뭐니 해도 질투 중의 으뜸은 이성간의 질투이다. 시어머니와 며느리 사이가 좋지 않은 것도 남자 아들이자 남편 한 명을 두고 서로 질투하기 때문이다. 아들은 원래 어머니의 연인이다. 특히 어머니가 아버지와 사이가 좋지 않을 경우 어머니, 아들 관계는 연인에 버금가게 밀착된다. 이때 아들이 여자를 데려오게 되면 어머니는 질투로 며느리를 괴롭힌다. 시집살이의 가장 큰 원인이다.

한국 전후 세대는 부부 사이가 원만하지 못했다. 가난하고 힘든 시대적 상황으로 남편들은 먹거리를 벌어 가족을 부양하기에 급급했고 이러한 물질적 빈곤으로 부부간의 정이나 유대를 건강하게 발전시키기 어려웠다. 아내는 남편 대신 아이들과 정신적으로 깊은 유대를 맺게 되고 특히나 아들의 경우 남편을 대신해 아들 연인이 되는 것은 자연스런 수순이었다. 고부갈등을 푸는 가장 좋은 방법은 시아버지와 시어머니 관계를 개선시키는 것이고 만약 시아버지가 작고했다면 시어머니에게 아들 말고 새로운 연인을 만나게 해드리는 것이다. 그렇게 하면 어머니의 아들에 대한 집착이 자연스레 줄어줄고 결과적으로 아들과 며느리 사이에 대한 질투가 줄어든다.

얼마나 어머니가 아들에 대한 왜곡된 소유욕이 일반적이었으면 많은 영화나 드라마에서 그 소재를 다뤘을까. 아버지와 딸도 크게 다르진 않지만 어머니와 아들의 경우 함께 한 시간이 압도적으로 많다는 것이 아들 연인으로 더 정착되는 요인이 될 수 있다. 또한 남자들의 경우는 사회생활을 통해 다른 여자들, 특히 딸을 연상시키는 젊은 여자를 만날 기회가 많다. 실제로 딸과 둘만 사는 이혼한 남자가 애인과 성관계를 할 때 애인에게 자신을 아빠라고 부를 것을 강요했다는 이야기를 들은 적이 있다.

영화 '가위', '메비우스'는 어머니와 아들의 집착적 관계를, 사쿠라바 가즈키 소설 '내 남자'는 아버지와 딸의 관계를 그렸다. 특히 김기덕 감독의 '메비우스'와 가즈키 소설 '내 남자'는 어머니와 아들, 아버지와 딸의 근친상간과 신체절단이나 살인같은 폭력적 부분이 포함되어 보통 사람들이 보기엔 불편함이 지나쳐 거부감이 일 정도다. 근친상간이 금지된 것은 시대적 '갇힌' 가치와 규범이다.

아주 오래 전엔 어머니와 아들, 아버지와 딸, 오누이끼리의 성과 사랑이 있었다는 것을 안다면 그렇게 경악할 일도 아니다. 감정적으로 불편한 것은 차치하고라도 말이다. 김기덕 감독의 '메비우스'가 내용의 금기성으로 제한상영 판정을 받았다. 사실 이 시대의 금기는 '이 시대'의 금기이고 '인간들'의 금기일 뿐이다. 또한 어머니와 아들 간에 물리적 성관계가 없다 하더라도 '정신적 화간'이 이루어지고 있음을 누가 부정할 수 있을까.

유전적으로 자신과 가장 깊은 복제성을 가진 근친간 끌림은, 윤리가치 적용을 배제하고 보면 당연한 일이다. 7년 전 친오빠와 성관계를 갖는 꿈을 꾸고 깨어나서도 너무나 생생해 망연자실 했던 적이 있다. 무의식적 욕망이다. 그리고 당시 쓰고 있던 연애소설은 이루어질 수 없었던 쌍둥이 남매의 사랑으로 자연스레 방향이 틀어졌다.

여하튼 질투만큼 강렬한 감정이 있을까?

질투가 너무 심하다고 피곤해하거나 질려하는 사람들이 있다. 사랑과 질투는 잎사귀의 앞면과 뒷면의 관계다. 잎사귀 앞면이 자라면 자연히 뒷면도 앞면이 자란만큼 커진다. 사랑이 커질수록 질투도 커진다는 것이다. 사랑하는 관계에서 아낌없이 주기만 한다는 것은 있을 수 없다. 하물며 남녀간의 사랑에서야! 주면 줄수록 받을 것을 의식, 무의식적으로 기대한다. 그렇게 주었는데 그만큼 오지 않으면 화가 나고, 자존심이 상한다. 나는 너만 바라보는데, 너는 취미생활도 하고, 친구들도 좋아하고, 일도 열심히 하니까, 엄한 것에 질투가 나는 것이다. 사랑을 격하게 줄수록 독점하고픈 욕망은 점점 커진다. 다른 것들과 나누고 싶지 않는 것은 자연스러운 감정이다. 다른 엄한 것들과 상대를 나눠어야 할 상황이 되면 그 엄한 것들, 즉 일, 취미생활, 친구들에게 질투가 발생한다.

사랑과 질투를 편의상 분리해서 썼지만, 사랑과 질투는 다른 것이 아니다. 질투하지 않는 사랑이 가능할까? 질투없는 사랑이 아름다운 사랑일까? 항상 보살피고, 항상 기다리고, 항상 베풀고, 항상 예뻐하고, 항상 좋기만 한 사랑이 과연 사랑일까? 병적인 질투는 싫지만 약간 하는 질투는 귀엽다는 것도 맞는 말이 아니다. 질투는 '사랑하는 만큼' 하는 것이다. 질투받는 것은 싫고 사랑받는 것만 좋아한다면, 그것만큼 이기적인 것은 없다. 그건 밥만 먹고 똥은 안 싸겠단 말과 다르지 않다.

> "그의 문체는 좋아하지만, 그의 사상은 좋아하지 않아"라고 말할 때, 우리는 무심코 자기 모순에 빠지고 맙니다. 문체와 사상은 하나이기 때문입니다.
> '어느 누가 아름다운 그림자 없이 눈부신 빛을 만들어 낼 수 있습니까? 그림에 있어 밝음이란 아름다운 그늘로 하여 만들어지는 눈의 착각일 뿐입니다."

칼릴지브란이 메리 해스켈과 주고 받은 서신 중에 나오는 글이다. 사랑이란 말도 질투란 말도 나오지 않는 이 글에서 난, 사랑과 질투의 관계를 이토록 정확하고 흠집없이 표현할 수는 없다고 느꼈다. "질투하시나요? 그럼 당신은 사랑하고 있는 것입니다. 왜냐하면 질투는 사랑의 그림자이자, 사랑을 담고 있는 문체이기 때문입니다." 사랑은 좋아하지만 질투는 좋아하지 않는다고 한다면 그것은 자기 모순이다.

○

짝사랑,
더 큰 사랑을

빚어내는 나비효과

○

○

　　　　　　활을 쏘면 화살은 목적지를 향해 날아가버린 후 다시 되돌아오지 않는다. 활을 쏘는 행위는 고도의 몰입과 집중을 요한다. 활을 쏘며 주변을 두리번 거리거나 다른 생각을 하면 목표물을 맞출 수 없다. 그런데 목표물을 맞추고 난 후, 화살은 목표물에 꽂힌 채 그곳에 머문다. 만약 화살이 부메랑처럼 어떤 지점목표점을 찍고 되돌아오는 것이었다면 그것은 화살이라 불리지 못한다. 화살은 활을 쏜 사람의 고도로 집중된 에너지를 싣고 날아가 목표물에 꽂히며 자신의 운명을 다한다. 화살은 늘 일방통행이고 되돌아오지 않아 애닯다. 짝사랑은 화살을 닮았다. 쏘기 전, 활을 가진 사람에게 속하지만 일단 활을 떠난 화살은 다시 되돌오지 못하는 일방통행적 몰입행위가 짝사랑이지 않을까?

일방통행의 정념행위를 짝사랑과 외사랑으로 나누기도 한다. 상대가 모르면 짝사랑, 상대가 알면 외사랑. 짝사랑은 상대가 알고 난 후에 쌍방적 사랑이 될 가능성을 그나마 내포하고 있기에 외사랑보다 덜 외롭다라는 주장을 펴기도 한다. 그러나 짝사랑이든 외사랑이든 사랑의 가장 중요한 속성인 '자발성'을 가지고 있으므로 상대의 인지여부에 따라 짝사랑이니 외사랑이니 나누는 것은 큰 의미가 없어 보인다.

한때 나는 짝사랑은 사랑이 아니라고 말하고 다닌 적이 있다. 사랑은 쌍방적 행위와 정서이기에 짝사랑의 일방적 감정은 개인 열병일 뿐이라 생각했다. 또 스스로 짝사랑을 해본 적이 없다고 착각했다. 어쩌면 그런 일방적 행위가 억울한 개인 감정의 소모로만 느껴졌는지도 모르겠다. 언젠가부터 이 세상에서 짝사랑을 해보지 않은 사람은 없다라는 것을 알게 되었다.

인간의 짝사랑은 어머니의 자궁속에서부터 시작된다. 태아는 엄마의 존재를 모르면서 자신의 우주인 자궁을 짝사랑한다. 물론 어머니도 뱃속아기를 사랑하니 태아의 사랑은 짝사랑이 아니라 쌍방적 사랑이라 주장할 수도 있다. 그러나 태아는 '엄마가 자신을 사랑하는 것조차 모른다.'는 것이 중요하다. 다른 말로 태아는 자궁^{엄마}에 대한 무한한 일방적 정념행위만 인지할 뿐이다. 그래서 짝사랑이다. 만약 신이 존재한다면 난 인간과 신의 관계가 태아와 자궁관계와 닮지 않았을까 생각한다.

인간의 신에 대한 짝사랑은 신의 인간에 대한 전폭적이고 온전한 사랑을 깨닫지 못하는 것에서 출발하듯이, 태아의 사랑이 짝사랑일 수 밖에 없는 이유는 태아가 엄마의 태아에 대한 전폭적이고 온전한 사랑을 깨닫지 못하는 데에 있다. 세상 밖으로 나와서도 일정기간 그 짝사랑은 진행된다. 아기는 엄마젖을 빨고 엄마의 보호와 관심하에 오롯이 놓여있음에도 엄마의 존재를 인지하지 못한 채 젖, 가슴, 엄마의 목소리와 손길, 실루엣, 이 모든 것을 갈구하고 짝사랑한다. 엄마의 사랑을 아기가 깨닫지 못하기에 아기의 입장에선 짝사랑이다.

그렇다면 인간 모두는 짝사랑으로 생을 시작하게 되는 것은 아닐까? 생의 시작이 짝사랑인데, 감히 어떻게 짝사랑은 사랑이 아니라고 말할 수 있을까.

한창 젊었을 시절, 내 주위의 많은 친구들이 짝사랑의 열병을 앓고 있었다. 난 그들이 마약 같은 감정에 취해 정신이 늘 혼미해져 있고 바보가 된다고 생각했던 것 같다. 자기주장이 똑부러졌던 친구들이 짝사랑만 하면 칠푼이가 되는 것을 속상해했다. 짝사랑으로 한 쪽이 일방적으로 고통을 받는 것을 버거워하고 두려워했다. 대학에 들어가 막 소녀 태를 벗은 나는 쓸데없는 허무감에 쩔은 여학생이었다. 수업에 거의 들어가지 않았고 곧장 도서관으로 가서는 000-111 칸 철학, 심리학, 심령학 코너에서 유령처럼 책꽂이 사이를 거닐다 무작위로 책을 뽑아서 읽었다. 주로 읽었던 책이 오쇼 라즈니쉬, 지두 크리슈나무르티와 심령과학책들이다. ESP^{초감각능력}에 대한 관심도 많아서 도서관에서 눈을 감고 강의실에서 수업을 듣고 있을 친구들에게 텔레파시^{주로 교수님을 골리는 행동을 하려는}를 보내기도 하고, 책상 위에 볼펜을 올려놓고 눈으로만 볼펜을 굴려보려는 시도를 하다 까무룩 잠이 들기도 했다.

정오쯤 되면 친구들이 점심을 먹자고 와서는 나를 깨웠다. 그제서야 오랜 먼지냄새 퀘퀘한 도서관을 나서 백주^{대낮} 빛속으로 눈을 부비며 나섰다. 라즈니쉬 보다 크리슈나무르티의 책에 끌렸다. 그의 책을 끼고 어슬렁거리며 매점에 앉아 커피를 마시며 책을 들여다 보고 있으면 친구들이 와서 크리슈나무르티에 대한 비판을 한바탕 하기도 했다. 그러나 크리슈나무르티의 책은 스무살의 허무하고 권태로운 여학생의 사고체계를 완전 산산히 부셔놓았다. '삶의 진실에 대하여'란 책을 지금도 간직하고 있는데, 소장 책 중 가장 나이가 많다. 누렇게 변색된 시간을 펼치면 녹색펜으로 줄을 그어놓은 문장들이 고스란히 내 스무살이다.

"수줍음이란 거의 모두 자기 연민을 뜻합니다.(중략) 그러나 격이 다른 수줍음이 있습니다. 그것은 아주 부드러운, 자기 연민이 없는 수줍음입니다."

"자유롭기 위하여 당신은 사랑해야 합니다. 사랑이 없이는 자유도 없습니다. 사랑이 없을 때 자유란 아무 가치없는 관념에 불과

합니다."

"배움의 목적은 교육을 통해 어떠한 믿음, 어떠한 두려움에도 매이지 않을 여유를 부여받게 되는 것입니다."

"아이를 이해하려면, 비난해서는 안됩니다. 아이를 비난하는 것은 아무 의미가 없습니다. 놀고, 울고, 먹는 아이를 바라보아야 합니다. 그가 어떤 기분에 있는지 살펴야 합니다. 그들이 어리석다, 추하다, 이것이다 저것이다 판단을 내리게 되면 아이를 이해할 수 없습니다. 마찬가지로 사람이 마음의 장벽을 바라볼 수 있다면, 표면의 장벽뿐 아니라, 무의식 속의 깊은 장벽들까지도, 아무 비난없이 바라볼 수 있을 때, 마음이 그것을 넘어갈 수 있습니다."

"우리는 조그만 구멍을 파놓고 우리의 가족들, 우리의 욕심들, 우리 문화들, 우리 두려움들, 우리 신들, 여러가지 예배라는 울타리안에 갇혀 죽어가며, 생명을 지나가게 내버려 둡니다. 계속하지 않고, 항상 달라지며, 흐름이 빠르고 엄청난 깊이와 놀라운 생기, 아름다움을 지닌 생명을 놓쳐 버립니다."

"예민한 사람일수록 더 고통스럽습니다. 이해하는 대신 우린 슬픔을 정당화합니다. 이 썩어버린 제도 전체에 저항하고 깨고 나오는 대신, 우리는 자신들을 그것에 짜맞추기만 합니다. 슬픔에서 자유롭기 위해서는 남을 해치려는 욕구에서 자유로워야 합니다. 또한 '착한 일'을 하려는 욕구에서도 자유로워야 합니다. 이른바 '착한 일'이란 것도 똑같이 우리가 길들어온 결과입니다."

"그냥 앉아서 비판만 하지 마세요. 그건 무의미합니다. 그러나 당신이 시골사람들은 어떤 사정 속에 사는지 알아내고, 거기서 무엇인가 한다면 -나무를 심고, 사람들과 이야기하고, 아이들과 뛰어논다면- 당신은 다른 종류의 사회가 나타남을 알 것입니다. 대부분 우리들은 사랑없이 자랐고, 우리가 그 안에 사는 사람들과 꼭같은 끔찍한 사회를 만들어낸 이유가 바로 그것입니다."

스무살 나에게 빅뱅을 일으킨 책이다. 지금까지 간직하고 있는 것을 보면 그 충격이 굉장했던 것 같다. 사실 25년이 지난 지금에도 그의 책을 읽으면 등줄기로 소름이 오도독 돋는다. 그의 책을 읽고 나서 짝사랑은 그저 서글픈 어리석은 무엇이 더 이상 아니었다. 짝사랑은 사랑할 때 발생하는 모든 이기적 행위가 생겨나기 전, 순정의 감정상태다. 어느 날 문득 심장에서 천둥소리가 들리고, 홀로 가슴에 붉은 꽃을 피우는 것이다. 모든 행동과 마음태에 보이지 않는 검열을 받는 상태다. 짝사랑 하는 그 상대나 다른 누가 검열하는 게 아니라, 그 사람을 떠올리며 스스로 하는 검열 말이다.
문득 길을 걷다가도 자세를 바로 하고, 밥을 먹다가도 수저를 가지런히 놓는다. 잠자리에 누워 그 사람의 옆모습, 혹은 웃던 얼굴을 떠올리다 스스로 부끄러워 이불을 머리 위로 끌어올린다. 혼자 바보 같이 비실비실 웃거나, 말을 하고 있어도 상대의 말을 듣지 못하고, 머리 속으로 그 사람 생각에 빠져있어 친구들을 괴롭히기도 한다. 또 불현듯 눈물이 투두둑 떨어지기도 한다. 그 사람과 자신과의 심정적·물적 거리가 만리장성이기 때문이다.

그 사람의 자취를 따라다니며 스토킹을 하기도 하고, 자신의 머리에 그 사람의 성을 짓기도 한다. 그 사람을 위해 수백통의 편지를 쓰지만 한 통도 부치지 못한다. 홀로 서러워 눈물 흘리고, 자신의 바보스러움을 질타하지만 머리와 반대로 가슴이 내달리는 것을 막을 길이 없다. 한용운의 시처럼 '잊으려면 생각나고, 생각하면 잊히지 아니하니, 아아~잊히지 않는 생각보다 잊고저 하는 그것이 더 괴로운 것'이다. 밥술을 떠도 삼키지 못하는 것은, 그 사람에 대한 스스로 키운 사랑이 목젖까지 꽉 차있어서 일까? 그것은 마침내 신열을 동반해 몸져 눕게 한다.

짝사랑은 사랑과 또 다른 카테고리에 속한다. 혼자인 공간에 그 사람의 환영을 심어놓는다. 환영이 있어 위로받지만, 환영과 실체 사이의 넘을 수 없는 간극으로 끝없는 추락의 경험이다. 짝사랑은 사랑이 가지지 못하는 성역을 가지고 있다. 괴로움과 환희와 다다를 수 없는 소망과 좌절과 자책과 고통이 뒤섞인 거대한 감정이며, 객관적 실체는 있되 주관적 실체가 없는 그 간극에서의 갈망이고 절망이다. 그 짝사랑의 대상이 다른 사람을 사랑하고 있든, 사랑하는 상대가 없든 간에 짝사랑의 크기는 변하지 않는다. 참담해지고 황폐해지며, 자신의 밑바닥과 빈틈없이 대면하는 것이다. 밀려와 바위를 치고, 자신만 퍼렇게 멍들어 다시 밀려 나갈 수밖에 없는 파도다. 짝사랑을 하는 사람은 어리석고 아름답다. 길게 할수록 정신은 고매해지고, 몸은 시들해진다. 짝사랑처럼 정신과 몸의 극단의 경험을 가져오는 것은 없다.

동물세계에도 짝사랑이 있을까? 잘 모르겠지만 짝사랑은 인간에게만 있는 것 같다. 짝사랑은 가장 고통스러운 감정의 사치이기 때문이다. 병적으로 아름다운 어떤 것이다. 신의 시험이고, 인간이기에 올곧이 견뎌야하는 벌이다.

오래전 난 짝사랑은 사랑이 아니라고 생각했다. 참 바보 같았다. 우리는 어머니의 자궁안에서부터 짝사랑을 시작한다. 그토록 오랜 태생적 기원을 가지는 짝사랑을 떼어놓고 삶을 생각할 수 있을까? 모든 사람은 매순간 짝사랑에 빠진다. 특정한 누군가, 불특정 다수, 풀 위로 팔랑이는 노랑나비, 휴대폰, 강아지의 눈망울, 길고양이의 꼬리, 밤 사막의 낙타, 아이의 웃음, 코끼리의 상아, 세상의 셀수 없는 생명과 무생명들, 별들, 우주의 먼지들과 눈을 가까이 대고 보면 짝사랑일지라도 점점 거리를 두어 멀리 보면 하나의 짝사랑은 또 다른 짝사랑을, 그리고 사랑을 불러일으키고 그건 또 다른 짝사랑과 또 다른 사랑을 만들고, 그렇게 그렇게 지구와 자연을 돌고 돌아

'하나의 원'으로 연결되어 있는 것은 아닐까.

지금, 여기현재 나비의 팔랑이는 날개짓이 그때 거기과거든 미래든 미래든의 폭풍이 되는 '나비효과'가 짝사랑이라 하면 너무 과장된 표현일까? 짝사랑은 인스턴트 대가가 오가는 사랑보다 격렬하고 품격 높은 정신노동은 아닐까? 어쩌면 사랑 우위에 서서 '더 큰 사랑'을 빚는 찬란한 고통이 아닐까? 이 땅의 모든 짝사랑을 숭배해야 하지 않을까? 당신도 나도 우리 모두 짝사랑이다.

○
결코
터득되어지지 않는

사랑
○

○

집 안의 적막이 싫어 켜놓은 TV 속에서 자그마한 체구의 사람이 자신의 몸보다 키가 큰 병박스들을 옮기고 있었다. 휘청거리며 병박스들을 목적지에 내려놓고 소매로 땀을 훔치는 얼굴이 클로즈업 되었는데, 세상에나! 여자였다. 혹시 곱상한 남자가 아닐까 싶어 미간을 찌푸리고 화면쪽으로 몸을 기울였을 때, 괴력을 과시한 그 사람이 입을 열었다. 여자였다!
그녀는 고물상을 하며 23년 동안 병박스를 옮겼다. 처음엔 한 박스 옮기는 것도 힘들었는데 시간이 지나면서 요령이 생기고 최소의 힘을 들이고 최대무게를 들게 되었다고 했다. 인간으로 특히 여자로 자기 몸보다도 더 큰 짐을 옮길 수 있게 되기까지 얼마나 많은 시행착오와 훈련이 있었을까. 그녀는 병박스 옮기기의 달인이었다.

그 다음 사람은 하얀 쉐프 모자를 높게 쓰고 밀가루 반죽을 능수능란하게 주물거리더니, 찌익찌익 늘리고, 탕탕 치고, 쩍쩍 늘리고 접고 늘리고 치더니 삽시간에 남자의 벌려진 양 손 사이에서 국수가락들이 출렁였다. 짜장면발 뽑기 달인이었다. 남자는 열 일곱에 중국집 시다로 시작해 스무 살에 주방장이 되면서 본격적으로 면발을 뽑기 시작했다. 경력 35년의 그는 손바닥에서 거미줄 대신 면발을 죽죽 뽑아내는 스파이더맨이었다. 어떤 일이든 경력이 쌓이면 이치를 깨닫고 숙련이 되어 달인이 된다.

연애소설을 쓸 때, 지인들의 연애담을 열심히 듣고 다녔던 적이 있다. 그때 연애의 기술에 대해 말해 준 사람이 있다. 일명 연애의 달인은 어떻게 하는가에 대해 여자편 남자편으로 나눠서 조목조목 설명해 주었는데 난 눈이 둥그레져서 받아 적기에 여념이 없었다.

"여자는 낚시를 하는 거예요. 쩌를 물속에 드리우고 남자를 유혹하고 유인합니다. 낚시꾼에겐 엄청난 월척이 헤엄쳐 다녀도 미끼를 물지 않으면 아무것도 아닌거죠. 여자는 자신이 던진 미끼를 문 놈과 고무줄 게임을 하는 거예요. 밀고 당기기 게임이요. 그 놈이 도망가려 하면 줄을 풀어주는 거예요. 중요한 것은 줄에 묶여 있음을 느낄 정도의 팽팽한 긴장감을 유지해야 한다는 것입니다. 놈이 가기도 전에 풀게 되면 그 놈은 줄의 존재를 잊게 되지요. 그 놈이 나아가는데 너무 강하게 당기게 되면, 그 놈은 줄을 끊고 영원히 자유의 바다로 돌아가 버립니다. 어느 정도 줄 당기기와 풀기를 통해 놈의 힘을 뺀 다음 이때다 싶을 때 확 끌어올리는 거예요. 다음은 그 놈이 마땅한 놈인가를 봐야지요. 한번 뭍으로 끌어올리게 되면 그놈의 바다에서의 인생은 끝나는 것 아닙니까? 그러니 재빨리 점검해서 그 놈을 취할 것인가 아닌가를 결정해야 합니다. 먹지도 않을 놈을 죽이는 것은 프로가 할 일이 아니잖습니까? 그러니 살이 덜올랐다든가, 먹음직스럽지 않다든가, 색이 맘에 안든다든가 그것도 아님 그 놈의 '종' 자체가 마음에 들지 않다던가."

"종'이라니요?"

받아적다 말고 물었다.

"아니 선수가 왜 이러시나? 최선생이 숭어를 기대하고 낚아 올렸는데 망둥어가 딸려 올라왔음 어떻게 하냔 말이지요. 그럴 때 과감하게 버려야 합니다. 좋게 말해 다시 바다로 돌아가는 자유를 주는 것이지요. 그리고 처음부터 시작하는 것입니다. 줄을 다시 점검해 약해진 부분이 있으면 고치고, 싱싱하고 매혹적인 미끼를 새로 끼워 다시 망망 대해에 던져 놓는 것이지요. 참 중요한 것 하나 빠졌군요. 왜 낚시꾼들이 좋은 낚시터를 찾는 줄 압니까? 피래미만 잡히는 곳은 좋은 낚시터가 아니지요. 그러니 여자들도 월척을 잡으려면 물 좋은 낚시터에 가야 합니다. 그런데요. 진정한 고수는 남들이 흔히 찾는 좋은 낚시터를 가지 않지요. 진정한 낚시꾼은 배를 타고 아무도 가지 않는 망망대해의 중심으로 나가지요. 즉 목숨을 거는 겁니다. '노인과 바다'에서 노인처럼요. 정말 이 세상에 있을까 말까 하는 고래를 잡으려면 목숨을 걸고 도박을 해야 하는 겁니다. 얘기가 많이 곁가지로 샜군요. 다시 정리하면 여자의 세가지 덕은 1. 미끼를 던진다. 2. 밀고 당기기를 잘한다, 3. 원하던 놈이 아니면 과감히 버린다 입니다."

난 선수는 아니었지만 그가 말하고자 하는 바를 이해하는 것은 어렵지 않았다. 여자는 남자를 찾아 이리저리 눈을 돌리는 것이 아니다. 미끼를 슬쩍 던져 놓고 물기를 기다려야 한다는 것이다. 얼마나 매혹적인 미끼를 던지는가, 정확히 월척이 있을 곳을 찾아내 미끼를 던지는가, 그리고 미끼를 문 그 월척과 밀고 당기기를 잘해 낚아 올리는가, 아무리 월척이라도 자신의 입맛에 맞지 않으면 단호히 바다로 돌려보내는가가 여자의 삼덕三德이라는 이야기였다.
내 주변 남자들의 얼굴들이 생선 대가리로 변하며 매우 혼돈스러웠다. 고개를 흔들어 잡념을 떨쳐내는데 그의 말이 이어졌다.

"남성은 크게 두 가지 종자로 구분할 수 있습니다. 첫째 부성이 강한 남자. 둘째 자성이 강한 남자. 부성이 강한 남자에겐 여자는 자꾸 싸움을 걸면서 도발하는 것이 좋습니다. 이렇게 시작하는 것이지요. '밥 사주세요' 동서고금을 걸쳐 가장 보편적이며 널리 이용되어 왔고, 잘 먹히는 말이 바로 이 말이거든요. 밥을 같이 먹는다는 것은 침을 섞어 본다는 것이고, 그것은 하나의 공통체로서 살아갈 가능성을 타진하는 데 적격이지요. 입맛엔 그 사람의 성격, 욕구 불만, 가족사, 꿈, 성적 취향이 다 들어있거든요. 센스 있는 여자라면 자신이 좋아하는 음식을 먹여보기 보다는 그가 좋아하는 음식이 뭔지 먼저 알아보겠죠. 그 다음에 자신이 좋아하는 음식을 그 남자가 좋아하고 즐길 가능성이 있는지 보는 거예요. 여하튼 처음 멘트가 '밥 사주세요'라면 두 번째는 '술 사주세요'가 되겠지요. '술사주세요'란 말은 '한 번 자 봅시다'란 말이에요. 술이 들어가 알딸딸해진 다음 남자가 이끄는 데로 자빠지면 되는 것입니다. 그리고 나선 '나 잡아봐 게임'에 들어가는 것이죠."

요즘 같은 세상에서 여자가 남자에게 술 사달라 했다고 해서 '자빠질 준비'를 하고 나가는 것은 아니다. 그래도 그의 말엔 일리가 없는 것도 아니었다. '나 잡아봐' 게임이 뭐냐고 물었다.

"최선생, 정말 선수가 왜 그러세요? 막말로 남자가 뭣빠지게 쫓아가더라도 여자는 그 숨을 조절해 줘야 하는 거예요. 남자가 지쳐 나가 떨어지면 안되기에 가끔씩 뒤돌아봐주며 살짝 웃어주기도 해서 그 남자가 절대 포기하지 못하도록 고무줄 놀이를 해야 하는 겁니다. 자 그럼 자성이 강한 남자는 어떻게 접근할까요? 밥 사주세요는 '밥 사줄까?'가 되고, 술 사주세요는 '술 사줄까?'가 되는 것이죠. 술 먹고 분위기가 무르익으면 자빠지는 대신 자빠뜨리면 되는 것이고요. 남자는 요 고무줄 게임을 길게 하는 여자를 좋아합니다."

연애의 달인처럼 이야기하던 그가 정말 연애의 달인이었는지는 나도 모른다. 미용실에 가서 머리를 미용사에게 맡기고 있는 시간, 심심풀이로 보는 여성지의 연애란을 읽은 듯한 느낌이었다. 딱 심심풀이 땅콩 같은 이야기. 그래도 뭔가 일리가 있으니 그의 이야기를 친구들에게 해주면 무릎을 치며 맞다고는 했다. 어쩌면 그의 말처럼 연애에선 달인이 될 수 있을지 모르겠다.

연애의 달인들은 사랑에도 달인일까? 연애경험이 많다고 해서 사랑을 많이 했다고 볼 수 있을까? 남자는 이렇고 여자는 이래라고 유창히 말하는 것이 사랑을 알고 있는 것일까? 그럴 수 없다라고 한다면 난 너무 구식인가? 낭만주의자인가?

연애와 사랑은 다르다. 연애의 기술은 있을지라도, 에리히 프롬에겐 미안하지만 사랑엔 기술이 없다. '관계 맺음'엔 기술이 있지만 '관계'엔 기술이 없는 것과 같다. 예술가들이 추구하는 궁극의 목적은 '미'의 구현일 것이다. 그런 이유로 사랑이란 주제로 무수한 음악과 그림과 시와 소설과 연극과 영화가 만들어졌다. 어쩌면 작품에 나타난 사랑은 모두 진짜이고 또 모두 가짜인지도 모른다. 예술가들이 '진실된 사랑'을 그리려 했기에 모두 진짜이고, '진실된 사랑'이란 것은 아예 존재하지 않기에 또 모두 가짜인 것은 아닐까.

사랑 앞에 어떠한 수식도 붙일 수 없다. '지독한' 사랑도 정답이 아니고, '고요한' 사랑도 정답이 아니다. '아픈' 사랑도 '슬픈' 사랑도 아니며, '행복한' 사랑도 '충만한' 사랑도 아니고 '외로운' 사랑도 '고통스런' 사랑도 정답이 아니다. 사랑엔 세상의 모든 수식어가 들어있다. 그래서 사랑은 지독하고 고요하고 아프고 슬프고 기쁘고 행복하고 충만하고 외롭고 고통스럽고…

편의상 당신이 하는 사랑과 내가 하는 사랑을 구별하고, 우리의 사랑과 그들의 사랑을 구분짓기 위해 사랑 앞에 수식어를 붙일 뿐이다. 정형화된 틀안에 가둘 수 없는 사랑은 사람에 따라, 시대에 따라, 지역에 따라, 종교, 문화, 인종에 따라 다른 모습을 보이고 또 같은 모습을 보인다.

이것이 사랑의 힘이다. 사랑은 인류에 절대 패권을 쥐고 있다. 사랑 자신은 불멸하며 사랑을 품은 자를 갈갈이 파괴시키는 것이 사랑의 속성이다.

인간이 죽음에의 갈망(타나토스)을 태생적으로 가지고 있는 것처럼, 실제의 죽음을 맞기 전, 수많은 죽음을 미리 경험하고자 사랑(에로스)을 하는지도 모르겠다. 사랑의 여러 얼굴은 마치 거울을 보는 것과 같다. 자신이 '지독한 사랑'을 원하면 사랑은 지독해지고, '아픈 사랑'을 원하면 사랑을 아프게 느낀다. '진실된 사랑'을 원하면 사랑은 진실된 것처럼 느껴진다.

'사랑이 없는 삶, 사랑하는 사람이 곁에 없는 생활은 하찮은 조명이 비추는 쇼에 지나지 않는다'라고 괴테는 말했다. 실제로 사랑을 갈구하는 사람들은 다른 사람들보다 훨씬 자주 사랑의 위험한 소용돌이 속에 머무르게 된다.

사랑은 절대적인 욕망의 산물이다. 살아있고 싶다면 욕망하고 사랑하라. 괴테는 더 이상 사랑하지도 방황하지도 않는 인간은 차라리 무덤에 묻히는 편이 낫다고 했다. 사랑은 생명이다. 더 나아가 생명을 더욱더 생명답게 해주는 무엇이다. 사랑이 실패로 끝난다 할지라도 끊임없이 사랑하는 사람, 사랑하고자 하는 사람들은 매서운 겨울의 끝자락 꽝꽝 언 땅을 뚫고 올라온 여리고 강한 새싹을 보는 듯하다. 그런 사람들은 늘 싱싱하고 생명력이 넘친다.

예술가들은 모두 '사랑'을 그리고 싶어 한다. 변화무쌍한 사랑을 어떻게 해서든지 잡아내어 구현하려 한다. 가장 아름답고 어렵고 복잡한 사랑은 보이지도 잡히지도 않을 뿐더러 할수록 오리무중이지만 생명수와 같아서 우리를 살아있게 한다.

불패의 사랑은 경험할 수는 있어도 경험했다 해서 결코 터득되어지는 법이 없다.

○
사랑은
보이는 게

아니란다
○

○
　　　　　　　한강이었다. 며칠간 비가 온 후여서 바람은 차고 습했다. 바람은 보이지 않는다. 투명하고 무엇으로도 잡을 수 없는 바람을 보고 싶을 때가 있다. 그럴 땐 강물을 본다. 물 위로 쏟아지는 햇살들이 물결에 담겨 눈부시게 반짝일 때, 튀어 오른 햇살 한 줌이 새가 되고, 물 위로 날아가는 하얀 햇살들. 눈을 가늘게 떴다. 그들의 비행각도를 본다. 강하고 때론 우아하게 자신들이 날개를 접고 피며 속도를 조절한다. 눈부신 하얀새의 비행속도에, 퍼득이는 날갯짓에서 비로서 바람이 모습을 드러냈다. 바람에 반응하지 않는 한 바람은 제 모습을 보이지 않는다. 새들이 나는 것을 보고 그들이 향하는 방향으로 걷기 시작했다. '훅' 머리칼과 얼굴을 치고 지나는 바람! 원피스가 펄럭였다. 치마단 밑으로 쑥 밀고 들어온 불의의 습격. 순식간에 드러난 바람의 얼굴과 손. 바람은 자신이 들어가도 되는지 치맛자락에 묻지 않았다. 부끄러운 속살을 감추던 부질없던 장막. 바람앞에 장막을 드리우는 것은, 바람의 현신을 기다리는 풍우제 같은 것.

"보이는 것이 사랑이 아니란다."
이지적이고 깊은 눈빛의 그녀가 말했다. 난 그녀 앞에 단정히 앉아 고개를 끄덕였다. 여신 같은 기품과 거역할 수 없는 힘이 그녀로부터 뿜어져 나왔다.

그녀는 천방지축에 실수가 많고 선배들의 술을 넙죽넙죽 잘 받아 먹으며 선배들 말이라면 모래로 빈대떡을 부친다고 해도 한치 의심없는 나를 유난히 예뻐했다. 내 친구들과 함께 교정을 걸을 때 저 멀리 그녀가 걸어오면 그녀는 우리쪽에 손을 흔들며 내 이름의 복수형으로, 예를 들어 내 이름이 '연지'라 하면 '연지들아'하고 우리 무리 전체를 불렀다. 친구들은 질투를 하기도 했다. 우리들은 이름도 없냐고? 왜 저 선배는 너만 그렇게 예뻐하냐고? 난 미안해서 머쓱해져 어쩔줄 몰라 했다. 그 선배는 졸업 때까지 친구들과 무리지어 다닐 때 우리들을 '내 이름의 복수형'으로 부르는 것을 멈추지 않았다.
여대에서의 선후배 관계는 남녀공학의 여자·여자 선후배 관계보다 훨씬 끈끈하고 강하다. 남녀공학의 선후배 조합을 보면 남자선배·남자후배, 남자선배·여자후배, 여자선배·남자후배, 여자선배·여자후배 네 경우가 있고, 대체로 이 네 가지 중 여자·여자 선후배 관계가 가장 허술하고 느슨하다. 음양의 이치로 봐도 남자·여자, 혹은 여자·남자의 결합이 가장 유기적이고 촘촘하며 결속력이 강하다. 동성 선후배 간은 이보다 유대가 약하지만 남자·남자의 경우, 사회적 연결망과 필요성에 의해 관계가 강화된다. 따라서 남녀공학에선 여자·여자 선후배 관계의 연결고리가 가장 약하다. 반면 여대의 선후배 관계는 여자·여자 딱 한 가지 뿐이다. 싫어도 좋아도 한 통속으로 굴러가야 하는 숙명이다. 또한 졸업 후 남성중심적 사회로 던져졌을 때 여자 동지들끼리의 연대 필요성을 절감한 선배들은 여자 후배들을 적극적으로 돌보고 이끌어주게 된다. 여대를 다니며 내가 느낀 여대의 몇 개 되지 않은 미덕들이 있는데 단연 으뜸은 선후배 관계다.

그녀는 차갑고 아름답고 이지적이며 카리스마가 끝내 주었다. 그녀 눈에 한번 든 후배들은 전폭적으로 그녀의 사랑과 관심을 받았고 남자들 간에도 보기 힘든 연대를 구축했다. 그런 그녀가 희안하게도 그녀의 동기들과는 잘 지내지 못하는 듯 보였다. 2년 후배였던 나는 그것이 늘 궁금했는데도 감히 물어보질 못했다. 풍문에 의하면 그녀가 새내기일 때 그녀에게 대단한 영향력을 끼친 선배가 있었다고 한다.

여대 안에서는 묘한 동성애적 기류가 있다. 군대나 여대 같은 동성들끼리만 관계를 맺는 공동체에서 일시적으로 일어나는 동성애적 현상이다. 이런 현상은 군대를 제대하거나 대학을 졸업하면 사라지게 된다. 여대를 나온 여자들은 여자들간의 우정과 연대는 확실하게 배운다. 남자들의 우정이 영화 '친구'로 대표된다면 여자들의 우정은 드라마 '섹스 앤 더 시티'를 꼽겠다. 그들의 우정이 '아련한 향수', '공유하는 추억' 과 '과장' 이라면 우리 여자들의 우정은 '현재진행형', '진화'이며 '가감 없는 리얼리티'이다. 남자들의 우정이 '수직적 계급화'이자 '보수우익'이라면 여자들의 우정은 '계급타파'와 '평등하고 수평적 진보좌익'이란 논지를 피면 남자들이 싫어할까?

서늘한 눈매의 그녀는 내게 지대한 영향을 주었다. 그녀가 나를 유독 예뻐한 것은 어떤 동성애적 코드가 있어서 일지도 모른다. 그녀의 차가움과 차분함, 이지적이고 분석적인 면이 나의 덜렁대고 푼수 같고 말괄량이 같은 기질과 궁합이 맞았는지도. 나는 그녀를 따라다니며 그녀를 숭배했고 닮고 싶어 안달을 했다. 졸업한지 어언 20년인데 내 스무살 때 모습을 기억하는 사람들은 내게 '그녀를 닮은 듯한' 평을 내린다. 차갑고 차분하고 이지적 좀 역겹더라도 참으시라 이라고. 물론 난 그녀만큼 서늘한 미인은 아니지만. 그래서 그렇게 생각했던 사람들은 내 원 기질인 덜렁대고 푼수 같고 바보 같음을 보면 놀란다. 아니 어쩌면 원 기질이란 것은 없고, 내 안에 냉정하고 분석적인 면과 덜렁대고 푼수인 면이 모두 있는데, 그녀를 만나 발현되지 못한 기질이 드러나게 되고 가꿔진 것인지.
그녀를 생각하면 저절로 입가에 미소가 떠오른다. 다시 철없고 덜렁대던 그 나이로 돌아가고 싶어진다. 그녀는 많은 이야기를 해주었다. 교정에 앉아 자판기 커피를 뽑아 마시며, 또 막걸리를 들며, 교정을 거닐며 그녀는 이야기하다 종종 엉뚱한 질문을 해대는 내 머리를 헝클며 청량한 소리로 웃곤 했다. 그녀는 나의 영혼의 어머니이며 자매이며 동지였다.

"사랑은 말이다, 보이는게 아니란다."
"언니, 사랑이 추상적 의미니까 당연히 눈에 안보이는 거 아니예요?"
난 그녀에게 칭찬을 받고 싶어 잘 알지도 못하면서 대꾸를 했던 것 같다.

"아니, 그런 추상, 뭐 그런 구체의 말이 아니야. 사랑은 바람같은 거야. 바람을 볼 수 있던? 그런데 깃발을 만나면 바람이 모습을 드러내지. 바람은 자기에게 반응하는 어떤 존재가 있어야만 보이는 거란다. 너도 나중에 알게 될 거야."

난 그때, 그녀 말을 100% 이해하지 못했다. 눈을 동그랗게 뜨는 내 볼을 살짝 꼬집어 주고는 그녀는 내 손을 잡아 끌며 말했다.
"아이스크림 먹으러 가자."

지금은 난 그녀를 잃어버렸다. 어디에 사는지, 지금도 그런 서늘한 눈매인지, 만나면 그 전처럼 내 머리를 헝클지, 부드럽게 내 볼을 꼬집고 자분자분 이야기를 해줄지.

내가 그토록 여자 후배들을 예뻐하는 것도 어쩌면 그녀와의 추억을 잊지 않기 위해서인지도. 왠만한 남자들은 쳐다도 안보고 여자들과 뭉쳐다니면서 쟤들, 레즈비언 아니야? 라는 말을 들으면서까지.

PART 4 LIFE

여행은
끝나지
않았다

신이 되는 **경험,**

종이 되는 황홀

헤밍웨이는 가장 탁월한 글의 소재로 '전쟁'과 '사랑'을 꼽았다. '그럴 수도 있겠다'라는 추론적 동의가 아닌 '맞구나'란 전격적 동의로 고개를 끄덕인다. 전쟁은 오랜 기간 제련해 세워놓은 무엇인가를 한순간에 무너뜨려 혼란에 빠뜨리는 속성이 있다. 살면서 전쟁을 마주하는 것만큼 혹은 전쟁 속에 서 있는 것만큼 '어쩔 수 없음'을 몸서리치게 절감하게 만드는 것이 있을까?

울타리 안에서의 삶의 질서에 적응된 말들이 걸쇠가 열려 순식간에 자연 자유으로 내동댕이쳐졌을 때, 그들은 어떻게 반응할까? 질주 본능에 달려나가는 말이 있을 것이고, 울타리를 나오고도 어찌할 바 몰라 울타리 주변을 서성거리는 말도 있을 것이고, 생전 보지 못한 고슴도치를 보고 놀라는 말도 있을 것이고, 더 이상 의미없는 울타리 안에 남아있는 말도 있을 것이다. 또한 전반적으로는 누군가의 사육에 의해 습관되어진 식습관에서 탈피해 스스로 먹이를 찾고 선별하고 먹는 때를 정하면서 지능을 더 발달시키며 진화의 과정을 갖을지도.

전쟁은 말들의 울타리가 부서지는 것 같이 인간 스스로 정해놓은 영리한 안정망을 순식간에 파괴하고 안정망 밖의 지독히 사적이고 절대 자유의 상황에 내동댕이 쳐지는 거라고 볼 수 있을까?

흔히 평화 시기에 인간이 생각하는 자유라는 것은 굉장히 교활한 속임수일 수 있다. 한계 지워진 범주 안에서의 자유이기 때문이다. 교묘하게 교육된 의식·무의식적으로 세워진 집단의 룰에 맞춰지는 틀화된 가치관의 지배를 받는 자유다. 거대한 보이지 않는 집단의 감시하에 철저히 조종되고 통제되는 자유, 그러면서 자유를 검열하고 통제하는 '거대한 손'에 대한 회의와 의문조차 잊은 상태라면 그것을 자유라고 할 수 있을까?
전쟁이 발발하면 이런 거대한 손에 의해 철저히 통제되었던 인간들을 감싸고 있던 안정망이 찢어지므로 해서 마치 발가벗겨진 상태로 자연에 내동댕이쳐진 것처럼 처음부터 무엇이든 다시 시작해야 하는 어마어마한 불확정성 앞에 서게 되는 것은 아닌지.
흔히 자유롭게 해달라는 말들은 가짜다. 부모로부터의 자유, 국가로부터의 자유, 종교로부터의 자유, 교육으로부터의 자유는 자유의 속성인 '아무것도 정해지지 않은 상태'의 부분적 차용으로 상대화 된 개념이다. 그러므로 진짜 자유라고 할 수 없다. 틀화되어진-그 것이 사회화든, 국가든, 종교든, 문화든, 교육이든 간에-안에서 자유개념을 적용하게 되면 필수불가결적으로 왜곡이 따르게 된다.

자유는 물과 같다. 댐에 가두고 물길을 내어 그것을 따르게 하는 것으로 물의 임시적 형태를 갖춘 들, 그것이 물의 본질이 아니듯이, 자유 역시 틀화된 패러다임에 속하게 되면서 구체화되어진 것, 구현된 무엇이 자유는 아니라는 말이다. 자유 자체가 틀화된 것이 아니기 때문이다. 자유의 어마어마한 무자비성을 조금이라도 이해한다면 우리 인간들은 누구도 쉽사리 '자유를 달라'라고 말하지 못하리라.

전쟁은 자유는 아니지만 자유를 닮았다. 무자비하고 정형화된 것들의 붕괴와 결속력이 풀리며 자생적으로 획득되는 사적상태로의 진행이 전쟁안에 있다. '전쟁 선언'이라는 계획된 의지는 '전쟁이 됨'으로써 의지종속의 탈피가 빠르게 일어난다. 즉 전쟁은 사물에서 생물로 변환하며 예측이 불가해진다. 그러니 전쟁이 글의 소재로 어마어마한 보고라는 것은 거론의 여지도 없다는 것에 전격적 동의를 할 수밖에 없는 것이다.

그렇다면 사랑은? 전쟁^{자유}이 무자비함과 집단의 붕괴와 혼란 속의 지극히 사적인 것의 부활이라면 사랑은 혼란으로부터의 정제와 순화 그리고 영적 종속의 속성을 가졌다는 생각이다. 사랑을 통해 자유로워진다는 말은 기만이다. 또한 사랑은 구속이 될 수 없다. 절대 굴복의 경지로써 낮아지고 낮아지고 낮아져서 세상의 가장 미천한 미물로 내려가 '경외'와 '숭배'의 초월적 영적 경험을 가지는 것이다. 쉽게 말해 전쟁은 '신'이 되는 경험이라면 사랑은 '종'이 되는 황홀이다. 종이 된다는 것은 노예처럼 반의지적 굴종이 아니라 의지적 결정에 따른 굴복을 뜻한다. 그러므로 전쟁은 지극히 인간적이고 사랑은 지극히 영적이다. 전쟁이 반의지적인 무엇의 최대치라면 사랑은 가장 절대적인 의지적 개입으로 발생한다. 그래서 '자신이 죽는 경험'이 있지 않고서는 사랑은 이루어질 수 없다.

전쟁도 사랑도 인간이 살면서 자신의 삶에 '획'을 긋는 경험이라는 것을 부정할 수 없다. 전쟁을 치뤄야 사랑을 피울 수 있다. 자유 후에 종속이어야 하듯.

그러나 이런 사유들이 무슨 소용인가, 현실은 이랬다.

"당신 글은 가짜야."

금복주를 닮은 그가 말했다. 난 눈썹을 꿈틀했을 뿐 아무말도 하지 않았다. 내 옆에 앉았던 동생 같은 후배가 당황한 눈치였다. 후배는 그와 나를 번갈아보며 그건 아니라며 그에게 손을 휘휘 내젓더니 나에게 사과하라고 그를 채근했다. 내가 괜찮다고 해도 마음이 상냥한 후배는 불편한 기색이 역력했다. 금복주는 멈추기는커녕 그때까지 마신 술이 다시 세상에 토해지듯 시큼털털한 말들이 그의 입에서 튀어나오기 시작했다. 그 와중에서도 '그의 말이 투박하지만 리듬감이 있구나, 아마도 그가 노래를 부르기 때문이겠지'란 엉뚱한 생각이 떠올랐다.

"당신은 참 이성적이야. 절대 그 틀을 깨뜨리지 않지. 아니 깨져 본적이 없는지도. 당신은 사랑을 한번도 해 본 적 없지? 사랑을 모르지?"

부정도 긍정도 않는 나에게 금복주가 마치 너를 완전히 박살내겠다는 투로 말폭탄을 터뜨리자 후배는 당황해서 어쩔 줄을 몰라하며 입을 열었다.

"아니야, 언니는 해봤어. 그지?"

그냥 해봤다고 말하면 그럭저럭 넘어갈 상황이었다. 술을 많이 마셨고 취기에 오간 대화라는 평계하에. 금복주의 말이 진실이든 아니든 난 그가 진정성을 가지고 말하는 것을 알고 있었다. 그가 어떤 사람인지도 알고 있었고 그렇게 말할 수 있는 게 진짜 우정이니까.

"나는 모르겠다. 사랑을 해봤는지 아닌지."

"언니는 그럼, 언니가 먼저 누군가를 사랑해서 대시한 적 없어? 사랑한 사람이 떠나갈 때 울며불며 무릎 꿇고 바짓가랭이 잡아본 적 없어?"

눈이 둥그레진 후배가 물었다. 잠시 침묵이 흘렀다. 대답 않는 나를 뚫어지게 쳐다보던 후배의 눈이 동그래지며 탄식처럼 말이 흘러나왔다.

"세상에나…없구나."

그랬다. 내가 먼저 사랑을 느껴본 적이 없다. 늘 떠나지 말라 내 치맛자락을 잡고 늘어진 그들이다. 세상과 인간에게 가지는 내 대표적 정서는 '환멸'과 '냉소'다. 나 같은 인간들은 사랑을 믿지 않는다. 믿지 않으니 사랑할 수 없다. 늘 무능한 '상대 탓'을 한다. 그렇게도 나하나 굴복 못시키냐고. 늘 나를 굴복시킬 '마왕'같은 사람을 기다린다고.

"왜 그리 불쌍하게 사냐? 나는 말이야, 나혜석 책을 읽었잖아. 얼마나 짜증났는지. 그 주변의 남자새끼들에게 욕지기가 나드라고. 비겁한 새끼들. 당신 글 쓰잖아. 우리 예술가들은 그리 비겁하게 살면 안되는거야. 해버려. 그냥 빠지라고. 사랑은 운명 같은 거야."

금복주의 말을 틀어막을 수 없다는 것을 깨달은 후배는 술자리를 정리하며 우리를 일으켰다.

공기는 축축하고 서늘했다. 바닥의 고인물 위로 빗방울들이 메아리 치며 퍼져갔다. 속이 메슥거리며 울렁거렸다. 집으로 돌아가는 길, 금복주의 말이 귀전을 떠나지 않았다. "당신은 사랑을 못해봤지?" 대문 앞에 주저앉아 나는 울었다.

들켜야
찾아지는

삶과 사랑

　　　　　　　　　　누구나 자신만의 고유한 아침의 통과의례가 있을 것이다. 어떤 이는 신문을 펴서 사회란이나 정치란의 헤드라인을 보는 것으로, 또 어떤 이는 기지개를 쭉 펴며 창문을 열고 아침 서늘한 공기를 마시는 것으로, 또 어떤 이는 눈을 뜨고 누워 덮었던 이불을 돌돌 말아 다리 사이에 끼고 멍하니 허공을 보는 것으로 자신의 아침을 연다.

나는 아침에 눈을 뜨면 살그머니 주방으로 가서 커피를 만든다. 그러면 어느 틈엔가 머니 코카스파이엘, 막내 강아지가 둥그런 눈을 껌벅이며 내 곁에 와서 잠이 덜 깬 꼬리를 어설프게 흔든다. 난 무릎을 꿇고 앉아 눈 높이를 같이하고 머니의 눈을 들여다보다 이마에 뽀뽀를 쪽 하고 꼭 껴안아 주고는 다시 커피로 돌아간다. 어느날 아침은 커피를 다 만들고 주방싱크에 기대 담배를 한 모금 빨 때쯤 머니가 털복숭이 머리를 좌우로 살랑살랑 흔들며 등장하기도 한다. 담배 쥔 손을 멀리하고 무릎을 꿇고 앉아 머니의 눈을 들여다보다 둥그렇고 촉촉한 코에 내 코를 살살 문지르고 이마에 뽀뽀를 해주다 담배 연기를 머니 얼굴에 훅 뿜기도 한다. 머니가 내 품을 빠져나가 털복숭이 머리를 좌우로 빠르게 흔들면 구불구불한 털로 덮힌 양털 담요 같은 두 귀가 공중에 펄렁펄렁 날리고 '크이치' 재채기가 터져 나오는데 그 모습이 귀여워 까르륵 웃는다. 나의 아침 통과의례다.

아침에 늘 있어왔던 그것이 없으면 왠지 하루가 시작되지 않는 느낌이다. 하루라도 빼먹으면 허전하고 자꾸 손을 조물락거리게 되고 길을 걷다가도 자꾸만 뒤를 돌아보게 된다. 아침의 통과의례는 의미가 깊다. 늘 또 다른 하루를 시작하지만 그 하루의 시작을 유연하게 열어주는 '키' 이기 때문이다. 난 '머니가 나를 찾아내는 것'으로 아침을 연다고 생각했다. 어쩌면 내가 내 방에 콕 박혀 글을 쓸 때, 침실에서 잠을 자던 머니가 벌떡 일어나 옷방, 주방, 거실로 다다다 걸어다니며 나를 찾는 것을 많이 보아왔기에 그런 생각을 하게 된 것인지도 모른다. 한편으론 머니가 나를 찾는 것은 또 다른 말로 내가 머니를 찾는 것이고, 서로 찾는 것이구나라고 생각했다. 그렇다면 찾는다는 것은 의지가 동반된 적극적 행위이니 나의 아침은 의지에 의해 열리는 것일까? 아침을 여는 것이 나인가? 스므

살 즈음엔 모든 것이 나의 의지에 의해 진행되고 중단된다고 생각했다. 어린 나이의 치기니 그것도 예쁘다. 오랫동안 난 치기에 빠져 살았던 듯 하다. '불혹' 마흔을 넘겨서까지도 그런 생각을 했으니 말이다. 그런데 아침은 과연 내가 찾아 여는 것일까? 과연 아침마다 머니가 나를 찾는 것일까? 내가 머니를 찾는 것일까? 서로를 동시에 찾는 것일까?

그 책을 보게 된 것이 내 인생에 정해져 있던 일인지 아닌지는 나는 모른다. 정말 기대없이 책을 선물 받고 아무 사심없이 책을 펼쳤을 때 어떤 구절이 살아나서 나에게로 왔다. 그 구절을 읽었을 때 뇌가 은단을 먹은 듯 머리속이 화해지며 뻥뚫리는 느낌이었다. 은단의 은빛이 머리속으로 스며 뭉근히 퍼지며 머리속이 온통 은빛이 되었을 때 바람이 이리저리 불며 굴러다녔다.

"…내가 무엇을 '찾으면서' 가는 길이 아니라 내가 무엇에 '들키면서' 가는 길이었다."

평생 무엇인가를 찾으면서 살아온 나는 그 문장으로 내 어리석음을 '들킨'것 같아 얼굴이 확 붉어졌다. 그렇지, 내가 무엇을 찾을 수 있을까. 늘 자유를 꿈꾸고, 행복의 파랑새를 찾아 헤매고, 이상향을 구하고, 사랑을 갈구하는 것으로 생을 허비한 것은 아닐까? 어쩌면 이미 내 안에 있는 그것들을 무엇 누군가에 의해 들키며 가는 한 걸음 한 걸음이 삶이지 않을까?

행복하고 싶어 행복 · 행복 · 행복을 늘 떠드는 사람이 가장 불행하다고 생각한 적이 있다. 성공 · 성공 · 성공 늘 성공만을 말하는 사람이 가장 성공하지 못한 사람이고, 돈 · 돈 · 돈 돈을 갈구하는 사람이 가장 빈자이며, 깨달음 · 깨달음을 외치는 자가 가장 어리석은 자이고, 자유 · 자유 · 자유를 늘 구하는 자가 가장 갇힌 자이며, 공부 · 공부 · 공부만을 외치는 자가 가장 무식한 자이며, 가정 · 가정 · 가정만을 외치는 자가 가장 가정에서 벗어나 있다는 것을.

사랑 · 사랑 · 사랑 외치던 내가 가장 사랑하지받지 못한 사람인 것처럼. 자유도, 성공도, 깨달음도, 사랑도 이미 내 안에 있는 것인데 그저 '들키'기만 하면 되는 것을, 왜 나는 몰랐을까.

 들킨다란 말은 무엇에 의해 나도 몰랐던 혹은 알았지만 외면했던 나의 어떤 것이 드러나는 것을 뜻한다. 무엇에 의해 내 철갑이 녹아내려서 혹은 두터운 외투가 벗겨지고 스스로 모습을 드러낸다는 뜻일게다. 들키려면 외부의 누구무엇와 내부의 내가 있어야 한다. 들키는 것은 '관계'가 전제된 행위다. 늘 관계맺는 모든 것들, 나 자신, 아침의 해, 이름 모를 풀, 강아지 눈망울, 이웃 할머니의 꼬부랑 등, 직장동료, 아버지와 어머니, 아들과 딸, 벗, 서울역에 누은 노숙자, 저 멀리 검은 대륙의 배고픈 아이들, 죄없는 자들을 겨누는 학살의 총구에도 내가 연관 되어 있음을, 그것들에 의해 늘 나의 무엇이 들키고 있는 중임을.

사랑을 못해봐서 죽기 전에 꼭 찾을 거라고 떠들었던 내 자신이 너무 부끄러워 쥐구멍에라도 숨고 싶었다. 사랑은 내가 벗을 준비만 되어 있으면 자연스레 누군가에 의해 '들키는' 것임. 내가 흠모하는 정신분석가 알프레드 비온도 분석을 정의할 때 비슷한 말을 했다.

> 분석은 피분석자와 무엇을 하는 것이 아닌, 굳이 무엇을 하려고 하지 않는 것. 그냥 두는 것, 끝을 알 수 없는 항해를 함께 하며 여지없이 흔들리는 것, 그저 놀랄 준비만 하면 되는 것이다.

그가 말한 치유엔 분석가의 '의지 개입'을 철저히 부정한다. 꼭 치유해야 한다는 의지를 갖지 마라, 그저 함께 하라, 함께 흔들려라, 그저 놀랄 준비가 되어 있으면 되는 것이다.

> '적멸보궁 가는 길'은 내가 무엇을 '찾으면서' 가는 길이 아니라 내가 무엇에 '들키면서' 가는 길이었다. 길 위에서 타인의 발자국에 들키고, 지우지 못한 내 발자국에 또 들키고, 마른 나뭇잎 옆에 똑같이 나뭇잎처럼 앉아 있는 겨울 곤충들한테 들키고, 뾰족한 돌부리에 모서리 같은 내 마음이 들키고, 이름 없는 들꽃들의 자유로운 영혼에 들키고, 새들이 앉아 노는 허

> 수아비에게 들키고, 모습은 보이지 않은 채 소리만 들려주는 새들한테 들키고, 그리고 마지막으로 자꾸만 무엇을 찾아 의미를 부여하려는 나 스스로에게 들킨다.
>
> —『적멸보궁 가는 길』중에서, 이산하

아침마다 머니가 날 찾았다고 생각해왔던 나는 이제 그리 생각하지 않는다. 아침마다 난 머니에게 들킨다. 머니에게 들키는 것으로 내 아침이 열린다.

딸,
아버지의
영원한 연인

중학교 1학년 때로 기억한다. 학내 성교육이 진행되어야 한다는 사회적 목소리가 높아지는 때였다. 지금처럼 성교육 외부강사를 초빙하거나, 잘 짜여진 비디오 등의 교재들이 구비되었던 때가 아니어서 한 학년 동안 세 번씩 양호 선생님이 반을 돌며 성교육을 했다. 양호 선생님의 얼굴이나 아우라는 기억이 나질 않는데 그 자분자분한 목소리와 들려주었던 이야기는 지금까지 생생히 기억한다.

열네 살이면 아이 태를 벗고 여성과 소녀 사이의 모호한 경계에 속했던 나이다. 지금 아이들은 성장이 빠르지만 그때만 해도 십대아이들은 보다 아이소녀에 가까웠고 개중에는 교복을 벗고 사복을 입으면 단박이라도 동네 꼬마들이 노는 곳에 섞여도 무방해 보이는 아이들도 꽤 되었다. 다른 아이들에 비해 키가 컸던 나는 성숙한 편이어서 한번은 대중목욕탕에서 목욕을 마치고 나오는데 뒤에서 어떤 아저씨가 '아가씨!'라고 불러 세우기도 했다. 그러나 정신은 여전히 미숙했고 젖내를 풍겼다.

양호 선생님은 처음 두번의 성교육을 실제 있었던 일화 중심으로 이끌어갔다. 모범생이었던 한 아이가 수업시간에 잠만 자고 몸의 청결상태가 너무 좋지 않아 양호실로 보내진 적이 있었다.-30년 전 일을 토시 하나 잊지 않고 기억하는 것을 보면 그 이야기가 충격은 충격이었나 보다.- 머리에 비듬더께가 앉은 그 아이는 멍한 표정으로 양호 선생님이 묻는 말에는 대꾸도 하지 않았다. 양호 선생님은 포기하지 않고 지속적으로 접촉하면서 끈기 있게 상담을 했다. 결국 드러난 사실은 그 아이가 집에서 친부에게 1년 넘게 성폭행을 당했다는 것이다. 아이가 어머니에게 말했음에도 어머니는 아이 말을 믿지 않았으며, 아이는 스스로를 보호하기 위해 잠이 오지 않는 약을 장기복용했다. 그 부작용이 비듬과 정신의 혼미함이었다. 아이는 임신 6개월의 상태였고 가족과 격리를 시키기 위해 모성보호센터로 보내지는 과정에서 그 아이의 부모가 와서 길길이 날뛰었다고 한다.

성인이 된 지금에야 강간의 많은 비율이 집안 내에서 일어나며 면식있는 사람에 의해 행해진다는 것을 알게 되었지만, 그 당시 14살 소녀들에겐 너무나 경악스러운 이야기가 아닐 수 없었다. 실제 아이들은 몸서리를 치며 몹시 무서워했다. 양호 선생님의 요지는 누구도 믿지말고 조심해야 한다는 것이었다. 그리고 남은 시간에 여체 구조를 배우고 성교는 어떻게 이루어지며 어떻게 임신되는지를 배웠다. 그리고 마지막 시간, 양호 선생님은 학생들에게 쪽지를 나눠주고 남녀의 성관계에 대한 생각을 간략하게 적어내라고 했다. 쪽지를 다 거두고 남은 시간에 양호 선생님은 하나하나 펼쳐 읽어 주었다.
제일 많이 나온 답변은 '더러워요' 였고 그 다음 많이 나온 답변이 '두렵고 무서워요.'였다. 간간이 무응답도 있었는데 거의 끝무렵에 펼친 쪽지를 본 양호 선생님이 묘한 표정으로 읽어 주었다.

'사랑하는 남자와 여자의 성교합은 세상에서 가장 아름다운 일이며, 신이 내려준 은총입니다. 그 사랑의 결실이 아기들이고, 아기들은 또 자라서 사랑하는 사람을 만나야 하는 권리가 있으며 그것으로 인류는 멸망하지 않고 이어지게 됩니다.'

양호 선생님은 고개를 들어 우리를 둘러보시며 그 쪽지를 쓴 사람이 누구냐고 물었다. 쭈볏거리며 일어선 나에게 선생님은 미묘한 눈빛으로 활짝 웃어주었다. 쪽지를 적으면서 전 시간에 양호 선생님이 들려준 무시무시한 이야기로 살짝 주저했던 것도 사실이다. 그러나 그 당시 나는 톨스토이의 '부활'에 나오는 카츄샤에게 온통 마음이 빼앗겨 있는 상태였다. 6학년 때부터 중학교 1학년 내내 읽고 읽고 또 읽으며 매번 마음을 졸이고 한숨을 쉬고 울었다. 마지막 페이지를 넘기고 나면 늘 가슴에서 겨울바람 소리가 들려왔다. 얼마나 좋아했는지 그 책의 몇몇 구절을 외우고 잊지 않기 위해 하교 길에 또 입안에서 그 구절들을 굴리고 굴렸다.

네흘류도프가 자기가 욕보인 여자가 법정에 나왔을 때 하는 말 "자기 자신이 미워질 정도의 나쁜 사람이라는 것을 깨달은 그때부터 남을 싫어하는 마음이 없어졌다." 이라든가, 그가 죄수들을 학대하는 간수들과 사회부조리를 보고는 "무슨 권리로 어떤 사람들이 다른 사람들을 벌주느냐 하는 가장 중요한 대목에 대한 해답은 없었다."라는 대사들.

내게 가장 매혹적이었던 구절은 네흘류도프가 카츄샤에게 용서를 구하며 도와주려 할 때 "날 미끼로 자신을 구원하려는 거죠?"라는 카츄샤의 말이었고, 내 전부를 흔들어 놓았던 구절은 "우리가 만일에 일시적으로나마 인간에 대한 연민보다 더 중요한 것이 있다고 가정한다면 우리는 어떤 범죄건 거리낌 없이 저지를 수 있을 것이다." 라는 네흘류도프의 말이었다.

다른 아이들보다 조숙했던 그때 난 내 안에 '거대한 에로스'가 있다는 것을 어렴풋이 알았던 것 같다. 내 안의 거대한 에로스가 기형적으로 왜곡된 것은 딸을 너무나 끔찍하게 감시하는 아버지 탓이라고 생각한다. 나는 그 당시 흔히 볼 수 없는 아버지의 사랑을 받았다. 그러나 그 사랑은 조건적이었다. 아버지는 딸이 여자가 되는 것을 원치 않았다. 대학에 들어갔을 때 집으로 오는 모든 편지는 아버지의 검열을 받고 내게 건네졌다. 물론 남학생들의 편지는 쥐도 새도 모르게 처분된 후에. 휴대폰이 없던 시절 집으로 전화가 오면 일단 거실에 있는 전화를 아버지가 받고, 남자 아이들인 경우 '우리 딸은 여대에 다니니 남자 선배나 친구는 없다'라고 나직하고 단호하게 말하곤 끊었으며, 내 방에서 전화를 받고 있으면 아버지는 거실 전화를 몰래 들어 도청을 했다. 지금 생각하면 아버지 당신도 몰랐을 거라 생각한다. 진정한 사랑이 무엇인지.

나는 아버지의 그 사랑에 숨이 막혔고 아버지를 증오했으며 도망치고 싶었다. 아버지들 마음 속엔 무의식적으로 딸과 연인이고픈 근원적 욕망이 있다. 그것이 도리라든가 규범의 센서에 걸리지 않으면 위에서 말한 친부의 신체적 강간이 될 수도 있고, 센서에 걸린다해도 내 아버지처럼 딸을 정신적 연인으로 묶어두는 경우가 왕왕 있다. 요즘은 그런 아빠들을 '딸 바보'라고 부르나 본대 난 그것이 꼭 좋게만 볼 수 없다. 물론 어머니와 아들도 마찬가지이다. 고부간의 갈등은 어머니들이 자신의 아들들을 정신적 연인이라 여기는 것에서 비롯된다. 시어머니가 며느리를 왜 질투하겠는가? 난 이것이 타고난 인간의 굴레라고 생각한다.

진실은 불편한 것이기에 사람들은 부모의 사랑을 그저 미화시키기 급급하다. 그러나 진실은 이러하기에, 이런 인간의 굴레를 극복하고 적어도 지속적으로 극복하려는 의지를 가진 사람들이 부모가 되어야 한다고 생각한다.

에로스는 사적인 것에서 공적^{사회적 인류적}인 것으로 발전해야 정수순이다. 사적인 에로스는 개인과 개인의 사랑 즉, 우정과 남녀간의 사랑이다. 그중에서도 사적 에로스의 으뜸은 남녀간의 사랑이다. 아버지의 철저한 감시하에 남녀간의 사랑을 못해본 나는 그것을 건너뛰고 바로 공적 에로스로 들어간 듯 하다. 인권운동을 했던 것도, 약자들에게 늘 마음이 쓰이는 것도 공적 에로스의 발현이다. 그러나 정순을 밟지 못하면 늘 삶이 위태롭다. 자신의 결핍으로 회기해 그것을 다시 채우려는 관성이 삶 전편에 흐르기 때문이다. 운명은 반복되는 것이라서 아버지를 극복하지 못하면 역시나 아버지 같은 남자를 만나게 되어 있다. 내 파트너는 아버지의 다른 이름 혹은 또 다른 나의 아버지다. 내 파트너가 내 폰에 설치한 위치 추적 앱의 이름이 'Life 360', 그래도 1년 중 5일은 추적을 안한다는 말인지… 피식 자조의 웃음이 난다.

친한 커플을 만났을 때, 그·그녀 그리고 나는 소박한 소주잔을 기울였다. 술이 기분좋게 오르자 남자가 말을 했다.

"지혜^{가명}는 내 아버지의 현신이야. 난 이 여자 곁에만 있으면 그렇게 마음이 편하고 모든 것을 맡길 수가 있어."

여자 애인을 아버지의 현신이라 말하는 그와 우리는 깔깔 웃었지만,

웃음 뒤의 맛은 씁쓸하기그지 없었다. 철저히 아버지의 아들이라 말했던 그가 아버지의 현신인 여자를 만난 것과, 아버지의 딸이었던 내가 지독히도 아버지를 닮은 파트너를 만난 것이 너무 닮아서.
그래도 끊임없이 아버지를 용서하고 나를 용서하려는 노력을 멈추지 않을 것이다. 아버지도 불쌍하고 나도 불쌍하고 이 땅의 모든 아버지와 딸들이 안쓰럽기에.

"우리가 만일에 일시적으로나마 인간에 대한 연민보다 더 중요한 것이 있다고 가정한다면 우리는 어떤 범죄건 거리낌 없이 저지를 수 있을 것이다."라는 네흘류도프의 말처럼.

내 눈에
도달하지 않은

별빛들

5월의 마지막 날은 내가 다니던 대학의 축제날이다. 그때만 해도 오월말의 날씨는 반팔을 입기가 싸늘했던 것을 기억한다. 친오빠가 한번은 그런 말을 했다. 너희 학교 아이들과 미팅할 때 졸업 앨범 중에서 법대쪽은 풀로 붙여놓고 본다고. 미대나 사범대나 문과대 생들에 비해 법과대 아이들은 촌스럽고 못생겼다는 말이다.

미의 기준은 의외로 아주 어릴 때 형성된다. 아름답고 추하고의 기준은 누구나 가지고 있는데 그 기준이 아주 어릴 때 '어떤 경험'에 의해 혹은 '어떤 사람'에 의해 세워진다. 오라비의 미의 기준은 '어머니'에 의해 구축된 것으로 보인다. 내가 어머니를 닮지 않은 불행의 문제는 별도로 하고, 어머니에 대해 여자로서 객관적으로 평가

하자면, '이 땅의 모든 여자를 좌절하게 할 정도로 완벽한 여자'다. 어머니가 미모의 기준이 되니 오라비는 주변 여자들이 모두 못생기고 눈에 안찼던 것이다.

법대에 입학해 초창기 강의시간에 배운 '법에 대한 명제'들 중 지금까지 생생히 기억나는 것들이 있다. 입학 후 몇달 안 되어 수업 자체를 거부했던 시절이었기에, 그 명제들은 초창기에 배우는 아주 기초적인 것들이다. 예를 들면 '권리 위에 잠자는 자 보호받지 못한다.' 같은 것들.

그 중에 '법은 최소한의 도덕'이라는 것이 있다. 세상은 활물이고 법은 사물이다. 활물을 사물로 규제하고 통제하겠다는 것 자체가 법이 세상을 규율하는데 태생적 결함을 가지고 있다는 것을 차치하고도, '최소한의 도덕'이라는 말에서 알 수 있듯이 법은 인간사회를 굴러가게 하기 위한 최소의 검열망일 뿐이다. 우리가 흔히 '저 사람은 법없이도 살 사람'라고 말할 때, 지칭된 사람의 높은 도덕성을 추앙하는 말이라 생각한다. 그러나 도덕은 법으로 세워지고 증명되는 것이 아니기에 준법은 인간의 도덕성을 담보하는 것이라기보다는 인간의 사회성-사회에서 타인들과 살아가며 분쟁과 문제를 일으키지 않을 정도의 보편적 행동-을 담보해 낼 뿐이다. 따라서 '법 없이도 살 사람'이라는 말은 그 사람의 도덕성을 담보하는 것이 아니라 '최소한 다른 사람과 어울려 살 정도는 되는 사람'이라는 뜻으로 봐야 한다. 고래로 공자나 예수 같은 성인들은 '도덕'을 말할 때 늘 법을 능가하는 어떤 경지를 말했다. 그리고 그들 성인들이 세운 도덕을 지킬 수 있는 인간은 거의 없다고 보면 된다.

이렇듯 '기준'-그것이 '사적인 기준'이든 '공적인 기준'이든-을 세워 그 잣대에 비추어 세상과 인간을 보는 것이 그 사람의 인간관, 세계관이다. 사람마다 세워진 '관'이 다르다. 법과 도덕을 말하며 '법'에 집중하는 사람도 있을 것이고 '도덕'에 집중하는 사람도 있을 것이다. '도덕'에 집중해도 '도덕'을 무엇으로 볼 것인가는 또 사람마다 다르다. 어떠한 상황 앞에서 자신의 나아갈 바를 결정할 때 자신의 '관'이 어느 정도 갖춰져 있지 않으면 우왕좌왕 할수밖에 없다.

그리고 법이라는 하위개념이 도덕을 정의하거나 범주화하지 못하는 것처럼 어떤 상위개념을 하위개념에 비추어 판단할 수 없다. 만약 신이 있다면, 인간이 신을 정의할 수 없는 것과 마찬가지의 이치다. 구더기가 인간을 정의하지 못하는 것과 마찬가지이며, 눈에 보이는 것으로 눈에 보이지 않는 것을 정의하려는 것과도 같다. 그것은 차원의 문제이다. 지구 안에 콕 박혀 사는 인간들이 우주를 이해하기는 불가능하다. 몇몇 천재적인 과학자들만이 상상과 검증으로 우주의 먼지 같은 부분을 밝혀내고 있을 뿐이다.

'밤하늘이 깜깜한 것은 태양이 없기 때문'이라고 생각한 시절이 있었다. 그러나 반짝이는 별들은 모두 태양처럼 스스로 빛을 내는 항성들이다. 우주가 무한히 넓다면 그 안에 있는 별들도 무한하다. 지구에서 멀리 떨어질수록 별들의 수는 기하급수적으로 늘어난다고 했을 때, 1823년 독일 천문학자 하인리히 올베르스는 이런 상황을 '우주에는 한계가 없고, 별의 수는 무한하며 전 우주에 고르게 분포되어 있고, 별들의 평균 밝기는 어디서나 똑같다'고 정리한다. 밤하늘은 아무리 깜깜해도 별들로 채워져 있다. 너무 멀리 있어서 빛이 약하다는 것도 성립되지 않는다. 아무리 멀리 떨어져 있어도 빈틈은 모두 별로 가득하다. 즉 밤하늘은 결코 어두울 수가 없다. 그렇다면 밤하늘은 왜 깜깜할까?

이것이 올베르스의 역설이다. '그런데 왜 밤은 깜깜할까?'
올베르스의 역설은 벤틀리의 역설처럼 속사정이 매우 복잡하기에 오랫동안 해결되지 못했다. 17세기 천문학계의 거장이었던 케플러도 이 문제 때문에 골머리를 앓다가 겨우 내린 결론이라는 것이 고작 '우주가 유한해서 그렇다'다. 케플러에 따르면 우주가 유한하기 때문에 빛의 양도 유한하다고 가정하여 역설을 해결할 수 있었지만 편법일 뿐이었다.

역설의 제기자 올베르스 본인은 우주의 먼지와 가스 구름들이 별빛을 흡수하기 때문에 모든 별빛들이 지구에 도달할 수 없다는 '가스층 흡수 이론'을 주장했다. 그러나 먼지 구름 이론이 역설을 해결할 수 없었던 것은, 먼지 가스층이 우주공간을 메우고 있다면 오랜 세월 빛에 노출되어 발광성운이 돼 먼지구름 자체가 별처럼 빛을 내게 되기 때문이다.

올베르스 역설을 처음으로 해결한 사람은 미국의 추리소설 작가 에드가 앨런 포였다. 그는 죽기 전 『유레카』라는 산문 시집을 출간했는데, 그 중 자신이 천체관측을 한 것을 난해한 산문시로 써놓은 것이 있었다. 포우는 '광활한 우주공간에 별이 존재할 수 없는 공간이 따로 있을 수는 없으므로, 우주 공간의 대부분이 비어 있는 것처럼 보이는 것은 천체로부터 방출된 빛이 우리에게 도달하지 않았기 때문이다.'라고 생각했다.

-위키피디아 '올베르스의 역설' 중에서-

위의 일화로 알 수 있는 것은 '탁월한 상상력'은 지금까지의 것 너머를 볼 수 있게 해준다는 것이다. 포의 문학적 상상력이 올베르스 과학의 역설을 푼 것처럼.

난 몽상에 빠져 있는 시간이 많은데, 그 몽상엔 나무인간들, 시크릿이터 Secret eater 비밀을 먹고 사는 자들, 평행우주, 영혼, 차원을 넘어갈 수 있는 문, 생과 사의 경계, 외계인들, 내 별 링구아니아, 지구에 와있는 외계인들 등등이 나온다. 가끔 외계인들이나 전생을 펜으로 그리며 놀기도 한다.

한번은 크리스마스 즈음 친구들과 가벼운 술잔을 기울일 때였다. 옛 추억들을 더듬으며 담소할 때 산타클로스 이야기가 나왔다.

"넌 몇 살까지 믿었어?" 한 친구가 묻자 "열 살이었나? 안자고 있다 아빠가 머리맡에 선물 놓는 거 보고 '깨달음'이 확 왔지." 다른 친구가 말했다. 또 다른 친구는 자기는 아예 산타 같은 것은 애초부터 믿지 않았다고 하며, 서양 상업문화의 소치라는 이야기까지 발전시켰다. 묵묵히 이야기만 듣던 나를 친구들이 동시에 쳐다보았다. 난 천천히 입을 뗐다.

"산타클로스는 있지. 너희가 못 볼 뿐이지."
친구들이 말도 안된다는 식으로 깔깔 웃었다. 한 친구는 네가 유치하더니만 아직 덜 컸다며 놀렸다. 내 말을 믿는 친구는 한 명도 없었다. '상상할 수 있는 것은 이미 존재하는 거야, 바보들아.' 난 속으로 말했다.

하위개념으로 상위개념을 정의하고 기준을 삼을 수는 없는 일이다. '사랑'은 우리가 지금까지 발견한 가장 높은 상위개념 중의 하나이다. 종교에서도 부처는 '자비'를 예수는 '사랑'을 이야기한다.
이런 상위개념을 사람들은 자신이 알고 있는 하위개념으로 정의내리거나 규약하려고 한다. 법으로 도덕으로 문화로 종교규율로, 이것은 얼마나 어리석은 일인가.
상상을 해서 사랑을 팽창시킬 생각은 않고, 자기들의 잣대들로 난도질할 생각뿐이다.

사랑하는 것은 밤하늘을 보는 것과 같아서 별과 깜깜한 어둠을 본다. 그 깜깜한 어둠이 포가 말한 것처럼 '아직 내 눈에 도달하지 않은 별빛들' 이라는 것을 그대들은 아는지 궁금하다.

사랑하는 자들이여, 상상하라. 복 받을지니!

○

You

complete

me

○

○

　　　　　　　　무조건 착한 여자를 아내로 삼겠다는 남자들이 있다. 무조건 착한 아내는 위험하다고 말해주면 남자들은 자신들의 주장을 뒷받침하는 의견을 내는 것이 아니라, '그래도 무조건 착한 여자가 좋다.'고 자신의 주장을 반복하며 떼를 쓴다. '그래, 그런 여자 만나.' 하고 화제를 바꾸던지, '당신, 바보니?'라고 도발시켜 논쟁의 장으로 끌어들이든지, 씁쓸한 웃음을 짓고 침묵한다.

흥미로운 것은 확실한 통계는 아니지만 무조건 착한 여자를 아내로 삼겠다는 경우가 그런 여자를 애인으로 삼겠다는 남자보다 많다는 것이다. 아내가 애인보다 무조건적으로 더 착한 존재여야 하는 남자의 심리는 무엇일까. 남자들은 결혼을 떠올리며 '안락한 삶'

의 환상을 갖는지도 모르겠다. 여자들이 결혼을 떠올리면서 '보장된 삶'의 환상을 가지는 것처럼 말이다. 그러나 결혼을 해보면 아내가 365일 무료 섹스이용권도 아니며, 남편을 안락하게 해주는 성녀만도 아니라는 것을 깨닫는다. 역으로 남편이 일년 365일 아내의 보디가드도 아니며, 아내의 안전과 풍요를 담보하는 보증수표도 아니라는 것을 알게 된다.

결혼은 사회 즉 기존체제를 유지하기 위해 만들어놓은 가장 기초되는 단위라는 것을 사회학이나 인류학을 약간만이라도 접해 본 사람들은 누구나 아는 사실이다. 결혼제도가 영원하리라 믿는 것은 '무조건' 착한 여자가 존재한다 믿는 것만큼 허황되다. 언젠가는 결혼제도의 흠결을 보완하는 대체제도가 미래의 사회 유지를 위해 또 나올 것이다. 그때까지는 비굴하더라도 결혼제도 유지를 위한 자체보정과 재정비에 만족해야 한다.

결혼은 허위이며 지배계급의 대중 조정을 용이하게 하는 교활한 시스템이라고 부르짖는 이들, 주변사람들만 불편하게 하고 현실적으로 성취 불가능한 이슈를 떠드는 것밖에 안된다. 또는 주류의 적이 되어 가뜩이나 가진 것도 없는데 가슴 뻥뻥 뚫리게 총알받든지. 부부관계 개선을 위한 각종 강좌들은 헤어진 보에 천을 덧대 기우는 것처럼 이미 넝마가 되어버린 결혼제도에 끊임없이 덧대기 작업을 한다.

'부부간의 대화는 이렇게 하라', '남편의 속성은 이렇고 아내의 속성은 이러하니, 서로의 공간을 인정하며 살금살금 서로의 이익을 빼먹어라', '아이들은 이렇게 양육하고, 아이들과의 관계는 이렇게 맺어라' 등등.

남녀가 섞인 모임에서 종종 나오는 무조건 착한 여자를 아내로 맡겠다는 그 말은 '무조건 악한' 여자를 아내로 삼겠다는 말과 다르지 않다. '무조건 착한'도 '무조건 악한'도 인간에게 속한 말이 아니다.

인간은 조건으로 선해졌다 조건으로 악해질 수 있는 존재이며, 무조건적으로 선하고 또 악하다. 저질러지는 가장 빈번한 오류는 선한 것은 좋은 것이고 악한 것은 나쁜 것이라는 이분법적 논리인데, 머리로 알고 있다가도 실제 상황에 부딪히면 '넌 악종이야, 나쁜 년놈'이란 말이 절로 터져 나온다.

과연 선한 것이 좋은 것이고 악한 것이 나쁜 것일까?
상담 중에 자신 안의 선과 악의 분포도를 그려보라는 요구를 할 때가 있다. 선이 반을 훨씬 넘으면 위선일 가능성이 크고, 악이 반보다 훨씬 많이 차지하면 자기검열 즉 도덕성 슈퍼에고 수치가 높을 가능성이 크고, 딱 반반이면 우유부단하거나 타인의 시선을 의식할 가능성이 크다. 이런 보편적 비율은 사실은 이상화된 마음상태-어떠한 조건으로부터도 '간섭'이 없는 중립적 상태에서의 비율-이므로, 어떠한 상황에 맞닥뜨리면 조건적으로 반응한다. 어떤 사람에겐 한없이 부드럽고 선하게 되고, 또 어떤 이에겐 심술과 골을 내게 되는 것처럼.

크리스토퍼 놀란 감독의 '다크나이트'에 열광하는 사람들이 꽤 된다. 미국에서는 영화가 발표된 뒤 'Psychology for Dark-knight' 라는 책이 발간되었다. 영화 한 편을 두고 연관된 인간심리에 대해 두텁게 책을 쓸 정도다. 놀란 감독은 영화를 통해 보편적으로 '선'과 '악'을 표상하는 집단^{개인}이 얼마나 유약한지를, 그리하여 조작된 극한 상황에서 보편적 선과 악으로 표상되는 각각의 집단들^{개인}이 얼마나 부질없이 무너지는지를 여실없이 보여주어, 조금이라도 선과 악의 이분성에 의문을 갖는 관객들에게 일종의 카타르시스를 제공하고 있다.

인상적인 씬들을 꼽을 때 단연 배 폭파 씬은 빠질 수 없다. 조커가 고담 시티 뉴스에서 고담시의 다리에 폭탄을 설치하였다고 발표하여 사람들을 혼란에 빠뜨리고 배에 타게 한다. 한 배에는 범죄자들만, 다른 한 배에는 시민들만 탄 그 배들에 폭탄을 설치하였으며, 각각의 배에는 다른 배를 폭파할 수 있는 기폭 장치가 있다고 발표하며 인간의 심리를 건 게임은 시작된다.

'한 배는 폭파될 것이다. 단 먼저 폭파버튼을 누른다면 그 배를 탄 사람들은 살 수 있다.'

범죄자들이 탄 배는 비교적 조용하다. 시민들이 탄 배에선 논쟁이 불붙는다. 자기들은 선량한 시민들이므로 범죄자들보다 살 권리가 크다라고 배 안의 다수가 주장하고, 이 주장에 반대주장을 펴는 소수의 사람들로 시끄러울 때, 범죄자들이 탄 배에선 죄수 한 명이 리모트 콘트롤을 빼앗으려 몸싸움이 일어나고 흑인 거구의 남자가 그것을 다시 빼앗아 배 밖으로 던져버린다. 범죄자들의 배는 선택권을 상실한 채 시민들이 탄 배의 결정에 그들의 생사를 걸어 둔다. 누가 더 악한가? 생명이 오락가락하는 극한의 상황에서 시민들은 '생명의 존귀함은 평등하다'라는 보편의 진리에 이런 저런 딴지를 걸어가며 자신들의 목숨을 부지하려는 논지를 편다. 죄수들은 선택권을 포기하고 시민들의 결정에 자신들의 목숨을 내어 놓는다.

영화 '다크나이트'는 조커의 영화다. 실제로 조커역을 맡은 히스레저는 조커역을 소화하기 위해 영화촬영장에서조차 조커처럼 외톨이로 지냈고, 조커의 대사가 너무 섬뜩해 촬영 중 대사를 잊어버리는 에피소드도 있었다고 한다. 그러나 히스레저가 아닌 다른 사람의 조커를 상상할 수조차 없을 정도로 완벽에 가까운 연기를 보여준 그는 영화를 마치고 깊은 우울증에 시달리다 약물과용으로 죽는다. 조커의 대사들은 정말 섬뜩했는데, 베트맨과 일대일로 만나 그에게 건네는 대사는 베스트 오브 베스트다. 조커가 베트맨에게 말한다. '너 역시 괴물이다.'란 말은 잊혀지지 않는다.

무조건 착한 여자, 무조건 착한 남자는 세상에 존재하지 않는다. 외려 무조건이란 수식을 붙여 상대를 옭아매었을 때, 무조건적으로 착한 척을 해야 하는 사람은 언젠가 괴물로 변하게 되어있다. 영화 다크나이트의 선의 표상인 '하비' 검사처럼 말이다. 가까운 관계에서 '성품'을 한계 긋는 말을 조심해야 하는 이유다.

난 늘 '착한' 딸이란 꼬리표를 부치고 살아왔다. 착한 딸의 가면은 참 편리했다. 관계가 없는 사람들조차 칭찬을 하고 예뻐했으며 내가 원하는 건 무엇이든지 착한 딸을 사랑하는 아버지에 의해 가질 수 있었다. 가면을 오래 쓸수록 내면은 분열되는 법. 착한 딸로 살수록 내면의 악한 딸은 점점 흉폭해져갔고 억압의 임계치에 다다랐을 때 착한 딸의 가면은 찢어지고 두 얼굴이 나오게 된다. 남자들에게 두 얼굴의 사나이 헐크가 있듯이 여자의 두 얼굴의 공존은 숙명이다. 물론 사람에 따라서 두 얼굴이 선명도나 경계는 달라질 수 있다. 누구는 아주 극적으로 또 어떤 누구는 뭉그러지듯 희미하게 두 얼굴을 가진다.

남자들은 여자에게서 '여신과 메두사' 혹은 '화이트 이브^{eve}와 블랙 이블^{evil}'로 표현되기도 하는 상반되는 두 얼굴을 보고 혼란에 빠지기도 한다. 이것은 사실 남자 내부의 아니마^{남성의 무의식 속에 있는 여성적 요소}의 두 얼굴이기도 하다. 여자 안의 아니무스^{여성의 무의식 속에 있는 남성적 요소}의 두 얼굴로 남자에게서 여자들이 신사와 마초를 혹은 신과 루시퍼^{사탄}를 동시에 보는 것과 다르지 않다. 혹은 자신이 가진 양면성으로 상대를 투사함으로써 상대의 양면성을 강화시키기도 한다.

선과 악은 좋고 나쁘고의 이슈가 아니다. 선은 악을, 악은 선을 서로 필요로 하는 보완 관계이며 우주의 기운을 균형 잡혀주는 이슈다. 누가 착한 것이 좋다고 하던가? 누가 악한 것이 나쁘다고 했던가? 그것은 인간이 만들어 놓은 틀 안에서의 주관적이고 반역사적 판단이다. 이 세상 선한 사람만 모아다가 화성에 쏘아 올린들 과연 화성에서 선한 자들만의 세상이 이루어질까? 다시 그 안에서 선과 악은 분화되고 균형을 이루게 될 것이다.

새 두마리가 그녀 안에 산다. 4미터 37센티 탯줄이 그 둘을 잇고 있다. 백학과 흑조가 공존하는 여자들. 백학은 흑조의 어머니이자 자식이다.
남자의 신의 속성은 여자의 블랙 이블과, 여자의 화이트 이브의 속성은 남자의 루시퍼의 속성과 짝을 이루어 보색대비 결합을 한다.
조키가 베트맨에게 말한다.

"You complete me…(네가 나를 완성시켜….)."

바다로 흘러가는 강,
강을 거슬러

오르는 연어

하늘과 땅, 늑대와 여우. 누구나 알고 있는 남자와 여자를 비유하는 말들이다. 6년 전 연애소설을 쓸 때였다. 남녀간의 사랑을 씹다 버려진 아스팔트 위의 껌 정도로 생각하던 내게, 모 출판사 기획자가 연애소설을 써달라고 했을 때, 그 난감함이란. 잘 쓸 것이라는 감언이설에 넘어가 수락한 후 제일 먼저 한 일은 괜찮은 연애소설을 찾아 읽은 것이었다. 그때 알랭드 보통의 '우리 사랑일까'와 '왜 나는 너를 사랑하는가'를 읽었는데, 매우 진부한 소재임에도 결코 지루하지 않게 이야기를 끌어가는 힘과 그 안에 오렌지 알맹이처럼 터지는 철학적 사유에 눈이 둥그레졌던 것을 기억한다. 게다가 '왜 나는 너를 사랑하는가'는 스물 세 살 때 쓴 처녀작이었다! 욕지기나게 부러웠고 좌절했다. 소설, 그것도 연애소설을 읽으며 밑줄을 긋고 싶은 문장들이 곳곳에서 튄다는 것이 놀라웠다.

> "어쩌면 우리가 존재한다는 것을 보아주는 사람이 나타날 때까지 우리는 사실상 존재하지 않는다는 말이 맞는지도 모른다. 우리가 하는 말을 이해하는 사람이 나타날 때까지 우리는 제대로 말을 할 수 없다는 것도. 본질적으로 우리는 사랑을 받기 전에는 온전하게 살아있는 것이 아니다."

이처럼 아름답고 예리한 사유가 곳곳에서 번뜩였다. 당시 이에 공감을 한 것은 아니다. 외려 굳이 남녀간의 사랑에 저런 멋진 말을 적용한다는 것이 못마땅했다. 여하튼 알랭드 보통의 책들은 내 졸작을 쓰는데 이래저래 영향을 많이 주었다. 알랭드 보통처럼 사랑에 대한 사유의 글들이 내 글에서 최소 몇군데라도 발견되길 바랬으나 역부족이었음은 말할 것도 없다. 그래도 '사랑에 대한 단상'이라 이름 부쳐진 한 챕터를 할당해 나름 노력을 했다. 경험하지 않고도 쓸 수 있다는 것에 동의한다. 그러나 아무나 그럴 수 있는 것은 아니다. 챕터를 할당해 놓고도 내가 쓸 수 있는 말은 많지 않았다. 주변사람들을 인터뷰하기 시작했다.

'사랑을 뭐라고 생각하세요?', '사랑의 프로세스는 어떻게 되나요?',

'연애의 달인을 정의해보세요.', '사랑과 연애의 차이는 뭐죠?'
지인들은 성심성의껏 답변해주었고 그들의 이야기는 고스란히 내 글에 옮겨졌다. 챕터를 채우는 마지막 과정에서 내켜하지 않는 파트너를 겁박하고 구슬리고 달래 겨우 몇마디 들을 수 있었다.

"남자들은 개야. 암내를 풍기는 암컷을 향해 자신의 거시기를 벌떡 세우고 쫓아가지. 매력 있는 여자에게 모든 남자들이 껄떡댄다는 거야."

파트너의 말에 고개를 끄덕였다. 거리로 쏟아져 나온 남자들은 싱글이든 커플이든 심지어 집에선 자상한 아빠, 다정한 남편이라 할지라도 일단 수많은 암컷이 득실거리는 거리로 나오게 되면 보금자리에서의 정체성을 잊고 수컷으로서의 본능에 철저히 충실하다. 여자들이여, '내 남자는 안그래.' 라는 어리석은 말은 말도록 하자. 그 말은 '내 남자는 남자가 아니야.'라는 말로 들리니까. 그냥 '개'라고 하는 것이 불편하지만 진실을 담보하고 있어 훨씬 진정성 있게 들린다. 일단 입을 연 파트너를 다그칠 일이었다. 조급히 물었다.

"그럼 여자들은?"
"여자들은 코끼리야. 코끼리는 한번 경험한 것을 절대 잊지 않지. 자신이 겪은 경험을 절대 잊지 않아. 그래서 남자들은 꼭 알아야 하는 것이 있어. 자신의 여자에게 절대 들키지 말아야 한다는 거야."

그랬다. 여자들은 자신의 남자가 자신이 없는 곳에서 어떤 형태로든 발정난 암컷을 향해 숨을 헐떡거리는 것을 머리로 안다고 해도 그것을 어떤 형식으로라도 보게 되면 그때부터 영원히 여자의 기억속에 저장된다. 그것은 언제든지 기억에서 입으로 담아질 수 있다는 것이고 입에 담아진다는 것은 평생 반복하는 고장난 레코드처럼 지긋지긋하게 남자를 옭맬 수 있다는 것을 의미한다. 파트너의 말이 이어졌다.

"그리고 공작 있잖아. 수컷이 왜 그리 화려한 꼬리를 펄렁펄렁이며 자신의 아름다움을 뽐내는지 아니? 다 수작거는 거야. 암컷을 유혹해 보려고 자신의 있는 가오 없는 가오 다 세우는 거야. 그것이 자연의 섭리야. 사실은 여자가 치장하고 꼬리를 칠 필요가 없는 거지. 결국 선택은 여자가 하게 되어 있으니까."

언제부턴가 암컷들이 인공꼬리를 달기 시작했다. 적극적이고 공격적으로. 화장하고 매혹적인 옷차림에 머리를 볶았다 폈다하는 횟수는 일년 읽는 책의 권수보다 많고 다이어트에 효과가 있다 하면 양잿물이라도 마다 않고 마실 여자들이 차고 넘친다. 남자에게 권력이 편중됨에 따라 사회는 여자들에게 요구한다. '더 빼고, 더 칠하고, 더 도발적으로 섹시해져.' 인간사회는 더 이상 여자들이 결정할 수 있는 구조가 아니다. 권력구조는 남녀간 종족 보존의 욕구 이상의 욕구들, 부와 성공과 타인의 부러움을 사는 생활공동체로서의 결혼에 의해 재구성되었다. 여자들에게 속했던 파트너 결정권의 많은 부분이 남자들에게 넘어갔다.

여자는 사랑을 느끼고, 사랑을 가늠하고, 사랑에 목매고 사랑에 빠진다. 남자는 사랑을 생각하고, 사랑을 계산하고, 욕망에 목매고 자신의 일부만 사랑에 빠뜨린다. 여자는 사랑을 기억하고 남자는 사랑을 좇는다. 여자는 사랑을 위해 자신을 가꾸고, 남자는 섹스를 위해 자신의 꼬리를 한껏 펼친다. 물론 모두가 그렇다는 것은 아니다. 코끼리의 기억을 가진 여자는 개의 본성을 가진 남자를 만나 평생 갈등한다. 개의 본성을 가진 남자는 코끼리 기억을 가진 여자를 만나 평생 고장난 레코드의 지겨운 잔소리를 듣는다.

인터넷 검색을 하다가 남자는 '블루투스' 여자는 '와이파이'라고 표현한 것을 우연히 보게 되었다.

Men are like Bluetooth: he is connected to you when you are nearby, but searches for other devices when you are away. 남자는 블루투스와 같아서 당신이 가까이 있을 때 접속되어 있다가 당신이 멀리 있을 때, 접속할 다른 장치들을 찾는다.

Women are like Wi-Fi: she sees all available devices but connects to the strongest one. 여자는 접속가능한 모든 장치들을

보지만 가장 강한 것에 접속한다.

얼마나 웃었는지 모른다. 비유가 센스있다 생각했다. 한편 뒷맛은 씁쓸했다. 이런 류의 말들은 사랑에 회의를 가지고 있던 내 생각을 더욱 곤고히 만들었다. 정말 남자들은 모두 개이고 블루투스인가?

흐르는 것이 물뿐이랴
우리가 저와 같아서
강변에 나가 삽을 씻으며
거기 슬픔도 퍼다 버린다
일이 끝나 저물어
스스로 깊어가는 강을 보며
쭈그려 앉아 담배나 피우고
나는 돌아갈 뿐이다
삽자루에 맡긴 한 생애가
이렇게 저물고, 저물어서
샛강바닥 썩은 물에
달이 뜨는구나
우리가 저와 같아서
흐르는 물에 삽을 씻고
먹을 것 없는 사람들의 마을로
다시 어두워 돌아가야 한다.

정희성의 「저문 강에 삽을 씻고」라는 시를 어떤 계기로 읽게 되었을 때, '아! 남자의 시'구나 하며 고개를 크게 끄덕였다. 남자가 쓴 시가 아니라 '남자란 무엇인가'란 시 말이다. 시에 대한 여러 해석이 있을 테고, 시인의 작중의도도 있을 테지만 '저문 강에 삽을 씻고'를 읽으면 그냥 남자가 떠오른다. 이 시만큼 남자의 삶을 잘 표현한 시가 있을까 싶다.

남자는 강이다. 흐르는 강이다. 순간순간 자신을 강바닥에 침전시키며 흐른다. 어디로 흐르고 무엇에 걸려 흐르고 어떻게 흐르냐에 따라, 남자 안에 회한, 사랑, 분노, 갈망, 이상, 자유, 야망을 강바닥에 가라앉히며 흐른다. 마치 강의 흐름이 느려지면 물 안의 작은 것까지 바닥에 가라앉고 흐름이 빨라지면 흐름의 속도를 이기는 큰 것들만 가라앉는 것처럼.
강은 멈추는 법이 없다. 비가 오나 눈이 오나, 가물어도 범람해도 바다에 도달할 때까지 멈춤없이 흐른다. 달이 뜨면 달을 담고, 해가 뜨면 해를 담고, 버드나무 아래를 지나면 가지들의 낭창거림들을 담고 도화나무 밑을 흐르면 요사한 분홍을 담고 흐른다.
순간순간 지나는 풍경을 반사하며 목적지를 향해 흘러가는 것이 강이다. 아무리 매혹적인 장소를 지나더라도, 아무리 아름다운 풍경이라도 머무르는 법이 없다. 또 지났던 그 매혹의 장소가 그리워 되돌아가는 법이 없다. 절대 바다로 가는 길을 잃어버리지 않는다.

그것이 강이고 남자다.

남자는 한 여자에게 머무르지 못한다.

아름다운 풍경들 중 하나인 듯, 한번 담고 흘러간다. 이미 한 여자와 언약을 한 남자여도 다르지 않다. 남자는 결코 한 여자에게 머무르지 않는다. 언약을 하든, 안하든 자신을 스쳐가는 모든 여자들을 눈에 담는다. 강의 속성이다. 지나는 곳의 풍경이 강물 위에 잠시 어른대다, 또 다른 풍경에게 자리를 내어주는 것처럼, 남자에게 여자는 지나는 풍경 같은 존재다.

남자가 가는 길에 숱한 여자들은 그 남자에게 한번 담궈질 뿐이다. 흐르는 강을 멈출 수 없듯이, 남자가 다른 여자를 담는 것을 막을 수는 없다. 영원히 담기고 싶은 여자들은 아직은 흘러야 하는 강 같은 남자를 만나면 상처를 받는다. 흐르는 강물에 속할 수 없기 때문이다. 여자들의 어리석은 미덕은 상처를 받더라도 끊임없이 강에 몸을 던진다는 것이다. 아무리 스쳐 지나는 강이라 할지라도 여자들은 온몸을 던져 사랑한다. '저 남자는 곧 다른 여자에게 흘러갈 거야.'라고 말을 해줘도 소용없다. 강을 사랑하느니 한 평생 주인만을 바라보는 개를 사랑하는 게 낫다고 일러주어도 여자들은 듣지 않는다.

강이 흐르고 흘러 바다에 다다랐을 때, 강은 비로소 멈춘다. 흐름은 사라지고 바다품에 안겨 쉬게 된다. 한번도 흐르기를 멈추지 않은 강은 피로하다. 바다에의 입성은 남자가 알에서 깨어나는 변신의 순간이다. 바다가 된 남자는 흐르지 않고 비로소 한 여자를 담을 수 있다.

여자는 연어다. 강하구에서 태어나 바다에서 자라는 연어는 원래 바다 물고기다. 여자는 연어와 같아서 모든 것을 품고도 고요하며 한 곳에 머물고도 썩지 않고 흔들림 없는 커다란 자궁, 바다 같은 남자를 사랑한다. 무엇인가를 품을 수 없는 강과 달리 심해는 빛도 삼켜 담는 거대한 포용이다.

연어는 산란을 위해 강을 거슬러 올라간다. 바다를 사랑한 여자가 어머니가 되기 위해선 남자를 거슬러 올라가야 하는 것처럼, 남자의 흐름에 거스르지 않고는 어머니가 되지 못한다. 남자를 거슬러 올라 아이를 낳고 어머니가 되는 것이 여자다. 남자가 바다에 도달했을 때 제2의 탄생이 되는 것처럼, 여자는 남자를 거슬러 올랐을 때 알을 깨고 부활한다. 생명을 탄생시키기 위해 남자의 강을 거슬러 올라가는 것이지 남자에게 순응해 생명을 낳는 것이 아니다.

여자와 어머니는 '바다만 아는 연어'와 '강을 거슬러 올라 본 연어'의 차이다. 산란을 한 연어는 죽고 그 새끼들만 바다로 돌아온다. 남자를 거슬러올라 아이를 낳은 여자는 '자신을 죽이고' 어머니로 태어난다. 어머니가 되어 본 여자는 '남자의 바다'와 '남자의 강'을 모두 알고 있다.

여자는 원론적으로 남자를 이해하지 못한다. 남자도 역시 여자를 이해할 수 없다. 예외적으로 남자의 강을 거슬러 올라본 여자들은 남자를 이해할 수 있는 가능성이 있다. 어머니가 되어 보지 않고 남자를 이해할 가능성은 없다.

그러나 남자는 숱하게 여자를 품어도 평생 여자를 이해 할 수 없다. 남자는 한번도 여자를 거슬러 오른 적이 없기 때문이다. 누가 더 우월한가를 따지는 것이 아니다. 만약 남자가 여자를 이해할 수 있다면 세상은 어떻게 되었을까? 별로 생각해보고 싶지 않으나 굳이 상상해보면 여자들은 복잡하고 비밀스러운 생명체이므로 남자에게 속속들이 알려진다면 살고 싶지 않을 것 같다. 여자들의 베일을 모조리 걷지 말지어니.

딱 들어맞는 예는 아닐지라도 어머니들이 평생 이 여자 저 여자 떠돌다 병들고 쇠약해져 집으로 돌아온 난봉꾼 남편을 거둘 수 있었던 것은 남지를 거슬러 아이를 낳아봤기 때문이다. 남자들은 절대 이 남자 저 남자 품을 돌다 돌아온 여자를 거두질 못한다.

남자와 여자는 물과 물고기의 관계다. 물은 물고기를 품고 물고기에게 삶의 터전을 마련해준다. 물고기는 물 없이 살 수 없다. 물고기 없는 물은 존재할 수 있으나 생명을 품지 못했으니 죽은 거나 다름없다.

남자의 사랑 없이 여자는 살기가 어렵다. 남자는 여자의 사랑이 없더라도 척박할지언정 살아갈 수는 있다. 물 없이 물고기가 생존할 수 없기에, 사랑하는 관계에서 남자가 권력을 가지게 될 가능성이 크다. 그러나 그런 남자들도 어머니의 사랑 없이 살 수 없다. 어머니는 남자 입장에선 자신을 유일하게 이해하는 존재이기 때문이다. 남자에게 여자는 여자로 시작해 남자의 어머니가 되어주어야 한다. 어머니가 되지 못한 여자는 남자의 온전한 사랑을 얻을 수 없다. 어머니가 있는 한 남자는 살아갈 수 있다. 그 어머니는 실제 남자 자신을 낳아준 어머니일 수도 있고, 아내일 수도 있고, 오다가다 만난 허름한 선술집의 마담일 수도 있고, 오래도록 기다려온 여인일 수도 있고 또는 조국일 수도 있다.

모든 남자가 바다가 되는 것은 아니다. 어떤 남자는 오랜 시간 끝에 바다에 도달하고, 또 어떤 남자는 흐른지 얼마되지 않아 바다에 가 닿기도 한다. 또 어떤 남자들은 평생 강으로 살아간다.

흐르는 강의 매력에 빠져 평생 강만 만나는 여자도 있다. 혹은 만났을 때엔 강이었던 남자가 흐르고 흘러 바다가 된 경우도 있을 것이고-이 경우 여자들은 대부분 떠나고, 만약 끝까지 견딘 경우 숱한 고통을 감내해야 한다. -처음부터 바다를 만난 여자도 있을 것이다. 참 재수없는 경우지만 바다인 줄 알았는데 철저히 강인 남자를 만날 수도 있을 것이다. 바다는 하나고 바다로 향하는 강줄기는 무수한 것처럼, 수많은 강들 속에 바다를 만나기란 덤불 속 바늘 찾기

보다 어려울 수 있다.

그러니 여자들이여, 만나는 남자들은 모두 강이려니 하고 만나는 것이 큰 기대로 만나 실망하는 것보다 훨씬 현명하다. 그리고 소망하라. 바다를 만날 것을, 최소 바다 가까이 다다른 강이라도 만날 것을!

남자는 바다, 여자는 연어라고 했다. 일반적으로 남자가 물고기, 여자는 바다로 비유된다. 바다가 어머니로 상징된다면 남자도 종국엔 한 여자의 어머니가 되어야 한다. 여자도 종내 한 남자의 아버지이어야 하기에. 바다와 연어는 이명동체이다. 남자와 여자가 모두 바다이며 연어이었을 때 하늘에서 별이 쏟아질 것이다.

사랑, 믿음
그리고

용서 되어지는 것

사랑하는 상대를 잃어버린 사람들이 있다. 아버지, 어머니, 형제 자매, 배우자, 연인, 친구, 반려견. 사랑하는 관계에서 상대로 인해 마음이 무너진 사람들의 이야기를 직업상 많이 듣는다. 이별 통보든 죽음이든 그 어떠한 형태라도 '별리'를 겪지 않는 삶은 없다.

부득이 그런 사연을 많이 알게 되는 나는 그들의 다르고도 같은 이야기에 마음이 깊이 가라앉는다. 죽음처럼 어쩔 수 없는 헤어짐이 있고, 상대의 냉담함에 자신이 상처입어 이별을 고려하는 마음으로 힘들어하는 경우도 있고, 원치않은 사건으로 얼떨결에 이별을 한 사람도 있다. 어떤 형태의 이별이든 간에 그것을 겪어 본 사람은 안다. 그것이 얼마나 아픈 것인가를.

용서는 하는 것이 아니라 '되어지는 것'이란 말을 들은 적이 있다. 푸르른 여름이었고, 난 내가 받은 상처에 버거워 사랑하는 상대를 끊어버리고 싶었던 것 같다. 오륙년전 일이다. 말하며 눈물이 하염없이 흘렀고 마음 안에 상대에 대한 원망이 그득해 '이별'을 입에 올렸고, 원치 않던 나중에 깨달을 사실이지만 이별을 준비했다. 상대가 날 잡아주기 바라면서도 용서할 수 있을까란 생각으로 복잡했다. 구기동 산자락 밑에 대어 놓은 차 밖으론 골짜기로 녹음이 짙게 내려앉았고, 구식차 안엔 에어콘이 달구지 소리를 내며 돌고 있었다. 상담을 하면서 이별로 흘리는 눈물을 그토록 많이 보아왔지만, 상담을 한다고 해서 내가 아플 때 스스로 겪어낼 수 없다. 외려 말할 곳이 없어 많이 외롭다. 그러다 누군가 단 한 사람이라도 온전히 내 아픔에 귀 기울인다면 눈물을 쏟고 만다. 내 아픔을 듣고 있던 목사님이 말했다.

"용서는 하는게 아니에요. 용서는 되어지는 것입니다. 용서를 한다는 것이 얼마나 오만한 일인지요. 의지로 되는 용서라면 세상에 철천지 원수 따위는 없을 겁니다. 그렇지만 그런 사람들이 얼마나 많은지요. 그래서 신에게 구하는 것입니다. 부디 내 마음 안의 그 원망의 마음, 분노의 마음을 지워주시고 다만 나를 용서하소서. 모두가 내 잘못입니다. 부디 신이시여, 아버지의 마음으로 내가 그 사람을 용서할 수 있게 하소서. 그 사람을 용서받게 하소서. 라고 기도할 뿐입니다."

차창 밖으로 묵직하고 포근한 성령 같은 안개가 두텁게 내려앉는 듯한 착각_{어쩌면 실제였는지도} 속에서 난 그만 오열했다.

작은 인간은 삶이 반복된다는 것을 곧잘 잊는다. 또 잊어야 산다. 그리고 또 이별은 찾아오고 또 아파한다. 아픈 이들은 주위를 돌아보기 힘들다. 자신의 아픔에 빠져있기 때문이다. 그러나 고개를 들 힘만 있다면 주위에 자신을 바라보고 있는 따뜻한 눈동자들, 손들이 있다는 것을 볼 수 있다. 평화와 위안은 예기치 않는 곳으로부터 온다. 그게 삶이고 성령이다. 누가 누구를 용서할 수 있을까. '신이시여, 우리는 모두 죄인입니다. 이 죄인을 불쌍히 여기소서. 자비를 베푸소서.' 란 피에타인 것을.

몸담고 사는 이 세상이 진흙탕이다. 더럽혀지는 마음을 매 순간 닦지 않으면 삶은 온통 진흙탕이다. 곧 흙탕물 튀겨져 더러워지더라도 매일 닦는 그것만이, 순간순간이나마 삶의 빛을 보게 해줄 것이라는 믿음으로 닦는 것이다. 매일 매일 닦아 오점 하나 없는 순간이 오면, 마음의 연꽃 피우고 더 이상 환난의 세상에서의 환생의 업은 끝날지도.

내 마음의 오점을 닦아내는 그 가난한 행위만큼 숭고한 것은 없다. 그 지난하게 반복되는 가난한 행위를 하게 하는 힘, 그것은 '사랑'이다. 아파도 미워하는 마음을 갖지 않게 하는 것, 사랑이다. 용서할 수 없어도 용서되어지는 마음으로 가는 길, 사랑이다.

아파서 눈과 귀를 닫고 있어도 내 눈과 귀가 되어 주는 사람들이 있다는 것을 알게 되었습니다. 눈과 귀를 닫아 몰랐던 사실들을 그들의 눈과 귀를 통해 보고 들을 수 있었습니다. 그들이 말했습니다. 우린 알고 있어. 그렇게 고개 들라 메시지를 보냈는데, 이제야 고개를 들었구나. 고개 들 힘만 있다면 추위 속에서 혼자였다 생각했지만 사실은 그들이 내미는 따뜻한 손, 다정한 눈길 속에 있었다는 것을, 그들의 손을 잡고 일어설 수 있다는 것을 알게 되었습니다. 신은 예상치 못한 곳에 선물을 숨겨 두나 봅니다.

'넌 '너무' 믿는 구나. 너무 믿지마. 네가 다쳐.'란 말도 들었습니다. 그런데 어떻게 '믿는' 것에 약간이나 적당히나 너무가 있을 수 있을까요. 믿는다는 것은 그저 밑바닥까지 믿는거 하나 뿐인 것을. 내가 밑바닥까지 믿어도 상대가 믿지 못할 수도 있는데, 밑바닥까지도 믿지 않으면서 신뢰얻기를 어찌 바랄까요. 오늘의 아군이 내일의 적이 된다는 말도 맞습니다. 그러나 아군 적군의 의미가 무슨 소용입니까. 사람은 변하는 존재입니다. 나도 당신도 우리 모두 늘 변하는 사람이어서 더욱더 오직 변치 않는 '밑바닥까지 믿는 마음' 하나를 지켜야합니다. 오늘도 무릎 꿇고 '밑바닥까지 믿는 마음' 잃지 않도록 기도합니다.